朦阅读书
TENGGE READING

教师成长密码

主　编：杨雪梅
副主编：刘艳霞　于昌信
　　　　李　玲　孟爱秋

江西教育出版社
JIANGXI EDUCATION PUBLISHING HOUSE
·南昌·

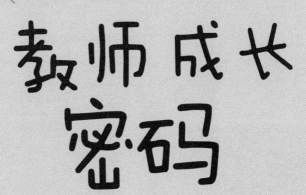

赣版权登字-02-2023-318

图书在版编目（CIP）数据

教师成长密码 / 杨雪梅主编. —— 南昌：江西教育
出版社，2023.9
ISBN 978-7-5705-3855-3

Ⅰ. ①教… Ⅱ. ①杨… Ⅲ. ①中小学 – 教师 – 师资培
养 – 研究 Ⅳ. ①G635.12

中国国家版本馆CIP数据核字（2023）第165811号

教师成长密码
JIAOSHI CHENGZHANG MIMA

杨雪梅　主编

江西教育出版社出版
（南昌市学府大道299号　邮编：330038）

出 品 人：熊　炽
责任编辑：苏晓丽

各地新华书店经销
江西赣版印务有限公司印刷
880毫米×1230毫米　　32开本　　7印张　　145千字
2023年9月第1版　　2023年9月第1次印刷

ISBN 978-7-5705-3855-3
定价：38.00元

赣教版图书如有印装质量问题，请向我社调换　电话：0791-86710427
总编室电话：0791-86705643　　编辑部电话：0791-86708350
投稿邮箱：JXJYCBS@163.com　　网址：http://www.jxeph.com

序

再进一步，让成长更精彩

2019年元旦那天，《中国教师报·教师成长周刊》主编宋鸽走进了山东荣成。宋主编这次采访关注的是"一个特教老师发起的教师读写共同体究竟是如何实现爆发式的成长，又是如何把这种成长之光不断地蔓延到学生、家长身上的"。那时，我所组建的雪梅读写团队刚刚成立一周年，老师们已在各类教育报刊上发表了100多篇文章，并在荣成市范围内开展了30余场公益读写指导活动。

雪梅读写团队中，教师发展的"质"和成长的"量"在国内都首屈一指。在外界看来，我完全可以安安稳稳地"躺平"在现有的成果上，但习惯了思考更习惯了行动的我，却不想就此止步不前。"如果老师们只是碰到了什么教育事件就写什么，那么这样的分析研究是零散而肤浅的，下一步可不可以做更系统的成长研究？"带着这样的思考，我在一片混沌当中努力地找寻着可能的前路。

我是一个从中师毕业起就一直在特殊教育一线工作的教师，近20年的时间里陪伴了一拨又一拨的孩子，他们有的连自己的名字都写不全，还有的连用10个手指数数都有困难，这样的学习和能力状况，显然并没有让我做到教学相长。可是，我的读写团队却涵盖了从幼儿园到高中各个学段的老师，在学科专业上，我显然不具备任何引领能力。思来想去，自己唯一的优势就是在不停地应对"问题学生"和处理学生问题的过程中，通过不断阅读学习和写作思考修得了比较敏锐的问题捕捉能力和相对审慎的问题处理能力，这些能力非常有助于班主任带好一个班。

基于这样的思考，元旦那天晚上送走宋主编后，我用最快的速度发布了"组建班主任工作室，让专业成长更聚焦"的群公告，并连夜完成了工作室成员的招募工作。随后，在威海市教育局第二期教育名家工作室建设工程的启动中，我凭着多年的成长积淀，顺利成为班主任教育名家工作室的主持人。当一切条件都将我引向与班主任工作相关的这条路，我所能做的也便无他了，那就是充分利用现有的平台和资源，让更多美好的成长进一步发生。

回望四年来携手这些热爱班级、关注学生身心成长的教师走过的时光，我们虽始终处于边探索边行进的状态，但从来没有改变我们立足的基石，那就是"同读、共写、同研、共行"。《中国教师报·班主任周刊》《班主任之友》《中小学班主任》等多家报刊都对雪梅班主任工作室成长之快、成果之丰的原因做过深度报道。可当我静下心来想把光阴留下来的积淀汇编成册后才发现，除了有"读、写、研、行"做基本的行动支撑，我们还始终抱持着不断向前的发展姿态，也始终都在期待着再进一步的成长精彩。

让问题进一步生成智慧

在很多一线班主任眼里，班级就是问题频发的地方，纪律问题、心理问题、学习问题、习惯问题……每一种问题都让人难以招架。时间久了，教师教育的耐心和激情会很容易被湮没在繁复的问题当中，进而滋生出倦怠。

在雪梅班主任工作室建设过程中，我采用了"问题聚焦"的写作模式来做群体研究，即把教育改革发展中的热点问题、学生发展中的棘手问题、班主任成长中的困惑问题化成一个个的问题串，然后每周从串上撷取一个点作为老师们的共研共写话题，通过写作来深挖问题成因，找寻化解契机。以"学生沉迷网络"这种相当普遍的成长现象为例，我就先后策划了"学生网游成瘾的心理动机及应对""学生沉迷于刷短视频如何化解""学生迷恋网红怎么办""学生朋友圈里为什么常有'火星'语言出现"等十几个问题点作为共写的主题。

这种模式在最初运作时，老师们很难适应，他们会以"我从来没有碰到过这样的问题""这种事在我的班级中不曾发生过"作为无从下笔的理由。我坚定地告诉大家："我们需要的不是去做经验总结，而是从此时此刻启动自己的思考：以前处理类似事件时，我的依据是什么，是否还有改进的空间？如果以后碰到这种问题，我该从哪里探因，又该如何理性地应对？"这种集体预设性写作的好处是既能在问题发生之前做积极的应对考量，又能在共写中相互参照、借鉴，积累丰富的化解疑难问题的经验。

所有的绽放都是种子在时光中慢慢孕育、悄然拔节的见证。四年来，对几百个小问题的深思细研，让工作室的班主任们充分感受到了化问题为智慧的充实和能量。他们的思考越来越有深度，越来越成体系；他们所带的班级越来越有温度，越来越有活力；他们在班级中挺立的姿态越来越坚定，工作也越来越有乐趣。再进一步，我们真的会领略到别样清朗的教育风景。

让家校进一步凝汇合力

"不怕碰到'熊孩子'，就怕碰到难缠的或者不合作的家长！"提及班级管理，很多班主任最头疼的莫过于要和形形色色的家长打交道。

当我以教师和家长的双重身份重新审视家校关系后发现：一方面，班主任常常抱怨家长不配合、难沟通；另一方面，家长又在高期待中不时地抱怨着老师教育水平差、沟通方式很生硬。其实，教师和家长的目标朝向高度一致，都是希望能教育好孩子，让孩子得到更好的成长，双方的关系应该是合作发力而不是互相推诿指责，而班主任必须是这条关系线上的掌舵人、凝心者。

我和班主任们以研究的姿态，一方面着眼于小点去思考问题，比如"碰到了难缠的家长怎么办""与各种类型的家长沟通需要哪些技巧"等，基于班级管理中的实践案例去提炼问题，开展"智慧众筹式"的研讨，把与不同性格特点、不同学识背景、不同心理禀性的家长沟通的"道"和"术"进行研究和验证；另一方面，我们还基于大的层面进行整体策划，比如"'互联网+'模式下的家校合作育人探索""'双减'背景下如何让家校共育更有成效"等，以课题和成果研究的方式构建系统的研究框架，带动不同的学校和班级参与到实践当中，助推家校教育合力的形成。

校与家、教师与家长，绝对不应该是对立的存在，而是要拧成合力的两股绳。再进一步说，基于人性和心灵，多洞察一些沟通需求，多掌握一些适当共情、充分理解的沟通技巧，这样的班级建设进程才能充满蓬勃的生机和力量。

让故事进一步生发精彩

班级就是一个故事的孕育场，每天都有数不清的"大事小情"发生。作为班主任，如果我们把这些事件看作"事故"的话，就会有始终身处麻烦堆儿的感觉，不停地去盯防，去应付。可如果我们转换角度，就能从不同的事件当中解读成长的心灵之音，通过不同的言谈举止洞悉发展的独特规律，在不断化解纠纷矛盾中提升教育智慧，那么，那些琐事和麻烦便有了生发精彩的可能。

在雪梅班主任工作室建设的过程中，一方面，我会引领老师们写下班级故事，通过文字的记录加工来对事件进行复盘，进而悟得育人启示，表达教育主张；另一方面，我也会培养老师们转换视角思考问题的意识，将故事当中内隐的多重教育意蕴最大化地挖掘出来，进而提升自身的职业敏感力、理解力和判断力。

很多老师在教育写作这条路上犯了眼高手低的错误，他们往往以"有用"为尺度，总希望一出手就能写出高水平的学术论文来作为职称评审和各种荣誉评选的支撑材料，但往往又苦于头脑空空，最终便搁浅在了"想写又写不出来"的沙滩上。与诸多老师们的认知和行动正好相反，我恰恰是带着工作室成员以班级教育叙事为起点，一步一步走向研究的"春天"的，即由基于现象描述的故事写作进阶到借助故事呈现理性思考，最后才进入基于共性问题的聚焦式研写模式。

以"故事"为助推思考、助力研究之线，我们化烦琐为智慧，化凌乱为系统，最终在自己的专业成长之路上步步进阶，让班级建设的支架越来越粗壮、坚实。

让心灵进一步趋近光亮

有一个现象值得我们所有教育人去关注——如今社会各界相当重视学生阳光心灵的培育，但学生成长过程中五花八门的心理问题一直是教育的痛点。虽然每所学校、每个班级都在推行课程引领、活动调节、个案辅导等多样化的健康心灵培育模式，但鲜少有人能够真正读懂孩子内心的所思、所想和所需。也就是说，我们教育的"供"和学生心理发展的"求"是不匹配的。

这些问题的化解，绝非简单地在学生身上发力便能实现，还需要提升教师的"读心""育心"能力。这种提升也不是教师参加几场培训或读几本书便能做到的，更需要教师站在学生成长的场域里观察、捕捉、思考、行动。因此，雪梅班主任工作室始终致力于通过多样化的手段提升班主任的心理健康教育能力。

首先，我们会借助事件来解读孩子的成长需求。班级中的"大事小情"，工作室的老师们都会一步步地去探寻问题成因，解读心灵的隐性表达，反思得失成败，找寻化解方法，其基本思考模式为"发生了什么—为什么会这样—得到了什么经验或教训—如果尝试不同的方式会怎样"等。这一连串的追问下来，教师的心育敏感性和智慧度将大大提升，自然也就更容易感知孩子的内心需求，从而按需补养。需求被关照、被满足了，心灵上的阴影自然会大面积缩减甚至消失。

其次，我们会牵引着理论回到班级去验证或实践。如何优化学生的意志品质，增强学生的抗挫折能力？如何帮助学生培养积极情感，调控消极情感？怎样根据学生的气质类型进行班级管理和教育？……要为这一系列的心理发展问题求解，教师就得先去主动学习，弄明白基本的心理概念和理论内涵，然后再与班级育人实践相结合，找寻二者之间的关联之处并思考具体操作时可能出现的触发点，继而进一步去落实行动，优化实践。当班主任理解了心理发展的历程和独特性，以更富有智慧的教育方式去滋养生命成长，自然就能够培育出苗壮健康的心灵之花。

借着事件进一步走进心灵，满足需求；借着理论进一步回归心灵，破解疑难。每向前一步，其实就意味着正在成长的心灵中的光亮又多了一分！

让成长进一步凝聚丰盈

在一次市级名班主任评选的答辩现场，评委老师对其中一位选手说："你一定是来自雪梅班主任工作室的，因为你清晰地知道自己已有的基础是什么，对学生成长研究、班级建设规划、自我成长定位以及对他人的辐射带动都有切实可行的梯度计划，而不是停留在浅层次的如何读书成长、如何开展班级活动上……"确实，一名对专业成长缺乏追求的班主任，很难走一步看三步、有规划地行进；一名对成长的定义仅仅停留在获取外在光环层面的班主任，也基本不会沉下心来做全盘发展的规划考量。幸运的是，工作室里那些对教育和班级充满了热爱、对成长和蜕变充满了渴望、对学习和思考充满了热忱的班主任，始终都没有被湮没在盲目混沌的追逐中。

车英老师是我在特殊教育学校工作时的同事，她 45 岁那年选择加入我的工作室时，周围的人都很不看好这种"瞎折腾"。"想成长早干吗了？都这么一把年纪了……"当厌倦了一成不变的教育生活和毫无长进的那个自己后，车老师意识到了成长的重要性。她的行动便有了义无反顾的坚决——以"啃读"的方式走进一本本教育著作中，以不断行走的姿态拓宽着自己的教育视野，以一篇又一篇的文字梳理让自己的育人思考走向纵深……任何一粒经历过自我挣扎和时光洗礼的种子都能有强劲的生长力。三年时间，我看到的是她从一名普通的特教老师一步步成长为教学能手、优秀班主任，《德育报》曾用了整个版面对她的带班育人经验进行宣传推广。"我会沿着这条成长路专注地走下去，不断迈进的感觉让我感受到了生命的丰盈与自我的可为！"真的，不论什么年龄、什么起点，再进一步，人生都有重新结果的可能。

与车英老师的自我启动稍有不同，李竺姿是我从几千名乡村学校班主任中"扒拉"出来并且重点培养的种子选手，因为我很想看看，当一名不安于现状、有冲劲的老师得到了恰当的引领后会发生什么样的"化学反应"。

"能不能介绍我认识李虹霞老师？我没听够她讲的'幸福教室'的故事！"当一提读书就犯困、一提写文章就头疼的竺姿缠着我"牵线"时，我告诉她："李老师工作特别忙，不可能有空回你消息。她写过《创造一间幸福教室》这本书，你可以找来看看，比她今天的讲座更生动、翔实！"当她买来书开始阅读后，我又鼓励她"结合自己班的实际情况，打造一间乡村的幸福教室"。"美国有一位叫雷夫·艾斯奎斯的老师,李虹霞老师正是受了他所著的《第56号教室的奇迹》的启发才有了后续的一系列行动……""你看,你的乡村幸福教室里也有这么多精彩的故事,试着写下来,我帮你改改,让更多的人看见。"……就这样,我一步一步地引着这名年轻的班主任,基于乡村教育的缺失进行着各种尝试。在短短三年时间里,她的乡村幸福教室就吸引了《中国教师报》等多家媒体的关注和报道;她所开展的"星火"家庭教育志愿服务项目,成功地将农村家长从教育的旁观者转变成了孩子成长的有力参与者;她所组建的校级班主任成长共同体,已经开始带动更多人的成长和研究……一步一个脚印,每一步都有精彩进阶和丰盈收获。

在雪梅班主任工作室里,各具特色却同样精彩的成长案例比比皆是。何谓成长?在我看来,专业成长绝不是将自我带到某一高度后的功成名就,而是一种不断向前、不断追寻的生命状态。进一步,再进一步,成长的路上就有了许多不可预知的美好!

借着第二期威海教育名家雪梅班主任工作室成长书系出版之际,我想让所有的班主任看见这样一种力量——进一步,便能育出精彩;进一步,便能刷新自我;进一步,便能接近卓越;进一步,教育生命才能更加充实多彩!

雪　梅

2022 年 11 月于威海荣成

目录

第三章　调正成长的姿态

后记

第 一 章

遇见启动的燃点

选择教师这个岗位并坚守下来，爱上班主任这个角色并乐在其中，肯定都是有缘由的。或是被儿时某一位恩师拨动了心弦，或是被曾经的某一个伙伴引上了此路，或是一段不期而遇的缘分使然，抑或是误打误撞的闯入和坚持让你绽放成班主任工作园地里的一朵花。每一种偶然，都可能是自我启动的必然！

永远的点灯人

卢桂芳

在漫长的人生旅途中，我们会遇到很多人，虽然很难有人陪着我们走完全程，但是总有一些人，明明只是几个站点的短暂陪伴，却会影响我们的一生，甚至会改变我们行进的方向。毕老师——我高二时的班主任，就是那个在我的人生旅途中点亮心灯的人。

点亮心灯

毕老师实行民主管理，我们班的日常工作一般都是班委会直接分工负责的。这原本是一件好事，但我们新上任的班长却常常会"滥用"手上的权力，比如他经常会以个人好恶给同学们安排座位。作为班委会的一员，我对他的做法提出了反对意见，这引起了他的不满，于是，他直接更换我的同桌以泄私愤。

我和原同桌性格相投，我们经常一起讨论学习上的难题，互学互助，是一对好搭档。结果班长却以"班委会成员应该多帮助其他人"为由将我们俩拆开，把我安排到教室最后面的角落里，并给我安排了一位沉默寡言的新同桌。我多次试图与新同桌交流，可她是那么安静，总是沉浸在自己的世界里，对我的主动示好非常冷淡，有时甚至连眼皮都不抬一下。在几次尝试沟通失败之后，我放弃了努力，并将这种挫败感转化为对班长的怨恨。

面对难以沟通的新同桌，看着幸灾乐祸的班长，我变得非常郁闷。一次课间，情绪低落的我随手在作业本上写下："明明是座土丘，我却当作高山翻越；明明是条溪流，我却当成大河蹚过。"看着这句话，我深深地叹了口气，然后在本子上打了一个大大的"×"。那天的晚自习，毕老师以请我送作业为由，把我喊到办公室，慈爱地问我最近发生了什么事。我不想给他添麻烦，就勉强地笑着摇了摇头。毕老师却和蔼地说："虽然你不开口，但是情绪会说话。说吧，相信老师可以帮你翻山越岭、蹚水渡河。"在那个瞬间，我从毕老师的目光里看到了可以敞开心扉的包容与关爱，终于鼓足勇气说出了自己的困惑。

那个夜晚接下来的时光有意外，有理解，有宽容，也有面对困难的建议。原来毕老师什么都知道，他知道班长在调换座位时的小心机，也了解新同桌沉默背后的家庭变故，更觉察到了我的情绪变化，他一直在默默地关注着、观察着。最后，毕老师表示，如果我愿意，过几天他可以找个理由帮我更换同桌。我拒绝了毕老师的好意，因为我想到了新同桌躲闪的目光里转瞬即逝的渴望，我终于明白她为什么不肯融入班级，一个幼年遭遇家庭变故的女孩总得想办法保护自己。当然班长也不是一无是处，他对班级事务还是很热心的。站在当事人的立场上分析，事情好像就不是非黑即白了，也不是非要分出错与对。经过毕老师的开导，我终于卸下了思想包袱。

后来的经历证明，我那天晚上的决定是正确的。我终于让新同桌的脸上绽放了笑容，我也以自己的热情换来了与班长的握手言和。虽然这个小小的插曲只是我年少时跨越的一道小小的门槛，但却让我看到了门槛内外不同的世界，让我学会了如何面对困境、化解困难，更学会了如毕老师一样洞察别人的内心、包容别人的不足。

照亮前行的路

在和班长、新同桌的关系改善后不久的一个课间，我又一次被毕老师请到了办公室。

一进办公室，语文组的老师都笑眯眯地看着我，接着毕老师郑重地向我宣布了一条爆炸性消息：学校要创办校刊，成立校刊编辑部，高二语文组全体老师向学校推荐我担任校刊的主编！

我顿时蒙了。校刊！这可跟我平时负责的班级黑板报和学校共青团墙报不一样啊，不是简单地写写画画、摘摘抄抄就能解决的，这需要征集稿件、编辑、排版、印刷。而我一天有 8 节课和 4 节自习，课程安排得满满当当，时间从哪里来？再说，我怎么可能有那个水平担任编辑，而且还是主编？我不自信地摇了摇头。

毕老师拍拍我的肩膀，坚定地说："我们大家可都看好你哦。第一，你平时做事认真，而且文字功底扎实；第二，你从高一起就是学校共青团墙报的主力，会排版，善绘画；第三，你学习效率高，基本做到了当堂的知识当堂消化，自由支配的时间相对多一些；第四，你和同学关系融洽，能调动起他们投稿的积极性，稿件来源就不愁了。以上四点是你的综合实力，所以我们一致认为你是最合适的主编人选。"毕老师的一番话说得我热血沸腾，一激动就满口应承了下来。就这样，我顶着主编的头衔走马上任了。秋去春来，我们的校刊《绿地》每两周发布一次，从选稿到排版，从制版到印刷，全部由我和另外 4 名同学配合完成。我们 5 个人承受着《绿地》带给我们的辛劳，也享受着它带给我们的欢乐与幸福。哪怕是在期末复习这样忙碌的日子里，我们也要合理安排自己的时间，做到学业、校刊工作两不误。

当然，我也在大量阅读他人稿件的同时，拓宽了视野；在编辑与制版的过程中，提升了能力；在处理学业与校刊工作的关系时，学会了合理安排时间，成了走在时间前面的人。毕老师为了让我尽快地适应校刊工作，向我推荐了不少课外书，其中一本关于"逆向思维"的书，让我养成了以发散性思维思考问题的习惯，并具备了针对不同观点分别给出中肯评价的能力。也是从那个时候起，我开始利用碎片化时间博览群书，这让我比同龄人思维更发散、眼界更开阔。

30 年前，毕老师用他的师者仁心为我点亮了一盏心灯，照亮了我前行的路，让我的人生之旅一直都有光可寻、有梦可追。

（原文发表于《江苏教育》2021 年第 84 期）

原来，我们都是您的"偏爱"

杨雪梅

又一位老同学——伟，被大家拉进了同学群，伟现在是大名鼎鼎的律师。在大家对律师同学的一片夸赞与问候声中，我已然穿越时空，回到了久违的中学时代——一所偏远的乡村学校，一群没有见过世面的孩子，伟便是这群孩子中毫不起眼的那一个。他性格木讷，学习成绩也只是中下游。从一个中学成绩偏低的孩子到同济大学法律系高才生，再到知名律师，这样神奇的三级跳不得不让人刮目相看。

是什么有如此神奇的魔力，竟让一个人发生了天翻地覆的转变呢？作为一名教师，我惯于带着探究的思维去看问题、想问题。"伟，做梦都想不到你会做律师，快快交代你的从'法'之路。"一名男同学已按捺不住，率先发问了。

"嗨，说来话长，这可真要好好感谢我们当年的班主任张老师！"伟很快便陷入了回忆。"那时候我的学习成绩不好，连说话都不敢大声。有一天，我生病了，张老师带我到办公室喝热水时，对我说了这么几句话：'伟，咱们班这些男生里，我最喜欢你，稳重又不张扬，思辨能力极强，绝对是干律师的好苗子……'那一刻，我心里别提多美了，原来我是张老师最喜欢的孩子。从此以后，为了不辜负那个'最'字，我可是铆足了劲儿好好学呢，你们都不知道吧！"

我心头一颤，一种熟悉的感觉充盈胸间，还未来得及细品个中滋味，群里的热闹再次吸引了我。

"好怀念张老师给我们做班主任的时光呀！之前因为学习成绩太差，就没几个老师拿正眼看过我。张老师就不这样，她说我写的字笔画顿挫有致，是最有范儿的，她送我的那本《庞中华硬笔字帖》到现在我还珍藏着呢。"说话的这名男同学那一手漂亮的钢笔字当年可是令我羡慕了好久。"我那时候可是个捣蛋大王，老师说我有领导风范，从小组长、体育委员一直到把我提拔成班长，那份偏爱与历练，让我受益至今！"另一名在某企业担任要职的同学也开了口……关于张老师的回忆，让群里的气氛愈加热闹。

那时的张老师刚刚大学毕业，许多年来，我一直以为同学们对她的念念不忘是因为当时比我们大不了几岁的她给了我们如同姐姐般的陪伴与呵护，也一直以为自己是唯一被她偏爱的幸运儿。那时，我是英语科目的"学困生"。在一次市级英语竞赛的前夕，兼任英语老师的她找到我，说打算派我去参加比赛。当时我大吃一惊，连连推辞。张老师摸着我的头说："咱们班的小姑娘就你最聪明，最不怯场。虽然你的英语成绩现在不是拔尖儿的，但我相信这段时间咱俩共同努力，成绩就会'嗖'地一下上去。你之前参加竞赛时的那种气场最让我放心！"每每回想起来，张老师的那份信任都令我无比动容，也正是从那之后，我迷上了英语，并以英语满分的成绩考进了中师。今时今日，在同学们叽叽喳喳的聊天中我才发现，其实张老师的那份"偏爱"犹如缕缕阳光，在那段青涩的斑驳岁月中深深地温暖着我们每一个人的心灵……

那种"偏"是准确找寻到心灵敏感一隅的洞察，是善用温情拂去一抹阴冷的智慧，更是一种俯下身来呵护成长的姿态；那份"爱"是无条件的包容与接纳，是有方向的鞭策与引领，更是一种让每株苗木仰起头来成长的意念与追求……

亲爱的张老师，原来我们每个人都在您的"偏爱"之中快乐幸福地成长着。在这一番透彻领悟之后，希望我也能沿着您的足迹，引领我的孩子们如花般骄傲地绽放！

（原文发表于《班主任》2017 年第 8 期）

走向更美好的未来

徐小辉

从小到大，我的成绩一直都很好，但我并不属于传统意义上的好学生。我不属于用功型的学生，甚至还有点儿懒，对于老师布置的作业，不管是写的还是背的，偶尔也会不按时完成。但因为我成绩好，老师们对我都很包容，睁一只眼闭一只眼就过去了。我也从来没觉得自己这样做有什么不好。直到初二那年，我感觉一切都变了。

我永远忘不了那一节语文课。我的班主任兼语文老师于老师提问背诵臧克家的《有的人》，我和几名同学都因为没有背下来而被罚站。这倒没有什么，最让我难以接受的是，于老师借用这首诗影射我们一个个是"行尸走肉"。自那以后，于老师隔三岔五就会借这件事"敲打"我，对我的态度也很冷淡。语文本来是我的强项，但因为对老师心存芥蒂，我学习语文的热情一落千丈，成绩也跟着下滑。度日如年的我，心心念念地盼望着初二早点儿结束。

送走了酷热的夏季，我如愿升入初三。新班主任姓王，依然是一位女老师，长得很漂亮。我对她的印象挺好，觉得她比于老师温柔可亲多了。久旱逢甘霖一般，我感觉呼吸也变得顺畅了。正当我沉浸在久违的轻松之中时，我听说王老师和于老师住在一个宿舍，两个人情同姐妹，关系特别好。得知这个消息后，我的世界又一下子暗了下来。忐忑不安的我笃定于老师肯定会在王老师面前说我的坏话。所以，王老师肯定跟于老师一样，不会喜欢我。唉，时运不济，苍天不公！……我的内心一片焦虑。

王老师也教语文。她讲的课深入浅出、生动有趣。特别是语法教学，她讲得清楚明白，各种示例、对比信手拈来。最重要的是她很温柔，从不朝我们随便发脾气，所以同学们都很喜欢她，上课争先恐后地举手发言。我初二的语文学习并不尽力，一些语法知识并没有真正地弄明白。所以，在上课的时候，我听得很认真，但是我依然不敢举手回答问题。一是怕举手王老师也不会提问我；二是担心万一自己答错了，被王老师笑话。

不知道是不是我的错觉，王老师提问时经常有意无意地把目光投向我，似乎是在鼓励我勇敢地站起来，而我总是选择把头深深地埋下去。但她从来没有批评过我，也没有强迫我站起来。在她的课堂上，我觉得很有安全感，这种感觉让我踏实，我的语文成绩也变得越来越好。

有一次课间，王老师示意我到教室外面去。她微笑地看着我，温柔地说："上课时你为什么那么胆小？我觉得你各方面的表现都非常不错，是一个非常出色的女孩子。我不管别的老师怎样评价你，我只相信我自己的判断。我非常看好你。如果你上课的时候再自信一点儿，那就更好了。"王老师的话如一股暖流涌遍我的全身，温暖着我的五脏六腑。我眼中噙着泪，努力不让它落下来。

期中考试那天，天还没亮，我就感觉肚子疼得厉害，紧接着上吐下泻，浑身冒冷汗。村里的医生说是食物中毒。我打了针，吃了药，强撑着去学校参加考试。

考试开始了，万幸的是药终于起作用了，我已经不跑厕所了，但是肚子依然疼得厉害，冷汗也一直没消停。记得那是十月份，天气还是有点儿热，同学们都在汗流浃背地奋笔疾书，我穿了一件厚外套，却仍然觉得寒气袭人。我的头也晕晕的，整个人感觉又困又乏，眼皮都快抬不起来了。我艰难地把题答完，也顾不上检查，就闭着眼睛趴在了桌子上。

迷迷糊糊中，我感觉有一只手在我肩上轻轻地拍了拍。我慢慢睁开眼，看到王老师眼神关切地看着我，温柔地问："怎么了？不舒服吗？"

"食物中毒，肚子疼。"我有气无力地回答。

"吃药了吗？"一只柔软的手轻轻地、温柔地覆到我的额头上。

"吃了。"一阵暖意自心头荡开，我感觉没那么难受了。

"身上这么凉！出这么多冷汗！考完试，中间有半个小时休息时间，去我宿舍插上电热毯躺一会儿，会好受些。先趴会儿吧。"王老师叹了口气，又轻轻地抚了抚我的后背，无限怜爱地看着我。

终于交卷了。王老师扶着我的胳膊，把我带到她的宿舍，照顾我躺在床上，给我盖上被子，然后她给我倒了一杯热水，看着我喝下。接着她又把水满上，把杯子放在床头的桌子上，嘱咐我多喝点儿热水。王老师说她要去忙了，让我睡一会儿，不要担心，等快考试的时候她会来叫我的。说完，她轻轻地带上门，走了。

电热毯很快热起来了，那温热的感觉减轻了我的寒意，缓解了我的疼痛，我的眼泪流了出来……

几年之后，我也做了老师，做了班主任。如今，时间已经过去整整二十个年头了。其间，我无数次想起王老师，想起她曾经给予我的尊重、理解和温暖。我也一直在努力，努力让自己变成像她一样的老师。讽刺和挖苦当时可能会让学生产生痛的感觉，但痛是会消失的。尊重和理解不会，它们有一种持久的力量，能让一个孩子愿意倾尽所有，走向更美好的未来……

（原文发表于《江西教育》2020 年第 3 期）

师恩如水

刘春平

前日去听课，我偶遇了初中时的历史老师——秀丽老师。二十多年后，重见昔日恩师，那种亲切的感觉无法言喻。老师显然还记得我，很是亲热地叫着我的名字，这让我在亲切的感觉中又生出了很多感动。

老师其人，如她的名字一样秀丽。一条油黑乌亮的长辫子，白皙的皮肤，精巧的五官，纤细高挑的身材，再加上温和娴静的性格，她的美丽无可挑剔。

秀丽老师不仅人美，课上得也漂亮。我们班的男生以捣蛋闻名，但从来没有在历史课上捣蛋过。现在回头想想，温婉的秀丽老师能够轻易降服小猎豹般的我们，除了美丽的容颜，还有两大法宝：一是故事，二是温情。

多年之后，我依旧清晰地记得，秀丽老师讲蒙古的兴起时，"插播"的关于马镫的传奇：从游牧民族到汉族，从北方草原到中原腹地，从中国到欧洲，马镫绕过了大半个地球，最终在欧洲乃至全世界赢得了"中国靴"的美誉。讲《气象万千的宋代社会风貌》一课时，老师讲了高俅的发迹与蹴鞠的故事，在那之后，我才知道足球并不是西方人的专利……当了老师之后才明白，秀丽老师期望我们获得的，其实不单单是故事和故事里的知识，还有与民族文化、文化传承相关的内容吧！

秀丽老师的脸上永远带着微笑，那种不露牙齿的淡淡的甜甜的微笑。在那个年代，老师惩戒学生被认为是理所应当的，可我真想不起秀丽老师对谁实施过任何形式的惩戒，好像就连愤怒也不曾有过。她叫我们名字的时候，永远都是只有名，没有姓，而且最后会拖上长长的尾音"啊"。刚刚她叫我的时候，还是那一声熟悉的"春平啊——"。秀丽老师这样叫我们的时候，她的手通常不是搭在我们肩头，就是在靠近我们肩头的胳膊上轻轻握一下！工作后我才知道，这招呼和动作里，其实是有老师的温情和关爱的。

从来没有惩戒过我们的，还有教历史的于敬民老师。

于老师是一个很特别的存在。他与温和丝毫沾不上边，从来都是一副不苟言笑的样子。他不重视仪式，历史课上课、下课两次起立我们全免了。他和我们几乎没有交流，总是匆匆而来，匆匆而去。于老师是孤傲的，孤傲得如同旷野中的一棵大树，孤独但自成风景。

于老师应该是我见过的上课最高效的老师了。他进了教室就把讲义往讲桌上一放，拿起三支粉笔，从黑板的一头开始，边讲边板书，表述史实，剖析原因，阐释影响，遇事说事，遇人说人，没有一句废话。一节课，三支粉笔，洋洋洒洒一黑板三大栏，层级分明，条理清晰。课讲完后，下课铃声刚好响起，他将讲义往腋下一夹，利索走人。

于老师从来没有对我们中的任何一个人表示过任何形式的偏爱，但我们都出奇地喜欢历史课。"历史课太有意思啦！"这是当时我们班 51 个人唯一没有分歧的观点！做了老师之后我才明白，于老师吸引我们的是他高超的驾驭语言、专业知识、课堂教学的能力，这些能力需要长期的磨砺和积淀才能得来。从某种意义上来说，那其实是不懈的自我成长，是在经历了无数个日夜的学习之后，绽放出的最美丽的花朵。

就宽厚睿智而言，没人比得上慈母一般的秀荣老师。

秀荣老师教我们数学，她上课经常提问我。而且很神奇的是，她每次都抓住我走神的瞬间提问，年少的我曾经无数次为此懊恼。

我从小就喜欢阅读。小时候，我会撅着屁股认真地读妈妈用来糊墙的报纸。初中时得到一本故事书很不容易，一旦有书在手，我总是急不可耐地翻看。每次换教室，我都要在教室里转一圈，找一张桌面上有洞洞的课桌，这样上课时我就可以把故事书放在课桌里继续"忙里偷闲"啦。这个方法也不总是很成功，有很多书被老师没收了。但唯有数学课上此法很成功，秀荣老师从来没有没收过一本书，我心中常常为此窃喜。如果没有经常被提问却又答不上来的羞窘，数学课真是我最快意的初中课堂了。

当了老师之后，站在讲台上，偌大的教室里，即使是最后一排的学生，脸上啥表情，眼神飘到了哪里，有没有走神……我都能一目了然。再想起秀荣老师的数学课，我忍俊不禁，笑自己年少无知的自作聪明，感激秀荣老师的宽容和睿智。她老人家根本不是没发现我的小伎俩，她和其他老师一样看得很清楚、很明白，只是她没有严厉地没收我的书、当堂批评我，而是用提问的方式提醒我要注意听讲，用提问拉回我被书诱惑的灵魂。现在想想，我被秀荣老师的教育智慧折服。她没有点名批评我，没有没收书籍，不仅维护了一个孩子的自尊心，还以她的方式保护了一个孩子读书的爱好，同时，也及时地通过提问约束了这个孩子。秀荣老师教了我两年的初中数学，其间我一直对数学拥有浓厚的学习兴趣，成绩也一直十分优异，这离不开秀荣老师润物细无声的教育。只是那时年少的我却不曾感知到那些用心良苦。

正是恩师的课堂让我明白：历史课堂一定要有人物、有故事，有人物、有故事的课堂才是有意思的历史课堂，才会是被学生喜爱的历史课堂，才会是能激发学生兴趣的历史课堂。所以，即使在教初三时，面临着毕业会考的压力，我也会适当增加一些相对简短的人物故事，同时我会根据初三学生的年龄特点，竭力避免纯故事性的内容，而是选取一些有一定文化含义的人物故事。比如，讲朱元璋时，我会和学生聊聊"珍珠翡翠白玉汤"的话题，既让学生了解朱元璋平民逆袭的奋斗人生，又让学生初步认识到戏曲经典与历史的相互关联；讲恺撒和屋大维时，我既会告诉学生七月、八月的英语分别是恺撒和屋大维的名字，又会帮助学生认识两人在罗马历史乃至欧洲历史中的重要地位。

也正是恩师的课堂，让我明白：老师的课堂讲解思路清晰，学生才能听得明白，才会产生更爱学、更想学的愿望；老师言简意赅，学生才能听得专注，才不容易精神疲惫、厌倦，才能拥有持续学习的动力。所以，虽然历史教材已经烂熟于心，但是我依旧年年重新备课，重新梳理教学思路。让我倍感惊喜的是，我年年都能从教学和备课中得到新的发现和感悟。现在，我终于可以像于老师一样，即使不翻一下课本，也可以完整地上完一节课，从孩子们的表情和眼神里，我也能够读出他们对历史的喜爱。孩子们问不完的问题，也让我确信，教师这份工作的最高责任感，以及最重要的师德内涵，是不误人子弟。

同学聚会，自然会谈起曾经的老师。我们热爱并感激着秀丽老师和秀荣老师，因为她们的付出，因为她们给了我们一个那么温暖快乐的中学时代。我们也同样热爱并感激着于敬民老师，他的理性、严谨、务实和高效，是我们人生中的另外一种芬芳。今天，正是因为读懂了这些可敬的老师们，我的从教之路才走得更加从容，更加稳健！

"长大后我便成了你。"今天，当我站在讲台上，我的老师们的言传身教都化成了我工作中的筋骨和血肉，滋养着我的教育思想，润泽着我的教学行为。在经历过漫长时间的沉淀之后，恩师们曾经展现的教育智慧都成了我记忆中永不凋谢的玫瑰，伴我一路芬芳，一路向前。感谢这三位老师，也感谢我所有的老师！今天的我日渐走向成熟，也越来越清晰地感受到：师恩如水，一直悄悄地流淌在我生命的长河里！

（原文发表于《师道》2019 年第 1 期）

三层楼里的教育情怀

王晓菲

"天哪，这个学校好袖珍啊！"2013年，为响应市教育局青年教师下乡支教的号召，我来到了妈妈上初中时的学校——一所落后的乡村中学支教。绿荫中的两栋三层楼，加上楼前的操场便是这个学校的全貌。老校长给我们几个支教的教师介绍说，教学楼是十年前盖的，这里的学生都是镇上几个村里的孩子，都是祖祖辈辈生活在乡下的孩子，有的孩子父母身患疾病，有的孩子家里平时只有老人带，这里的教育全部要靠教师，家校合作的力量在这里显得很单薄。其实这也在情理之中，父母忙于生计，没有时间也没有精力管孩子的教育。"好在这里的老师特别敬业，"老校长接着说，"他们大多初中是在这里上的，师范毕业后回到家乡工作，但现在都住在城里，每天开车四十多分钟上下班。""这几年，每年都有往城里考的教师，也有新来的教师，但留下的不多。"老校长说着露出了理解但无奈的笑容。

据妈妈介绍，这位校长就是她读初中时的一位老师，近四十年过去了，他依然坚守在这里。局里多次提出他快退休了，可以调到离家近的市郊的学校，但老校长一直拒绝。这么多年来，老校长教出来的学生在当地的各行各业中功成名就的也不少，每逢过年过节，学生回学校去看他，表示要帮老师换一个条件舒适的学校工作时，他从来都是拒绝的。这或许就是老校长的教育情怀——驻守在这里，教育着一代又一代的家乡人。

来了不到一个月，我最大的感触是这里的管理好宽松，上下班不用打卡，跟保安师傅一招手，门就开了。可奇怪的是，教师们从来没有迟到、早退的现象。我在心里想，或许是因为总共才四十名教师，容易管理。每到课间操，学生的欢声笑语洒满整个校园，而教师们则三五成群，要么打羽毛球，要么跟着音乐活动几下，还有的教师会走出校门，沿着河边散步，吐槽一下学生，聊聊家长里短。这真的刷新了我对教育生活的认知。我工作近十年，在休假的时候也鲜少这样惬意过，经常是领导打来一个电话就得回到学校加班。上班的日子更是马不停蹄，一上午喝不上一口水都是常有的事，哪里有时间锻炼身体、舒缓心情？这也是很多市直属学校老师压力大的原因，他们只有高强度的工作，却没有排解的渠道。在这里，教师们似乎没有压力，在我看来，他们并不敬业。你看我们市直属学校的课间操，走廊上，教室里，到处都有教师做学生思想工作的身影。这里可倒好，每个班不到二十个学生，是市直属学校的三分之一，压力那么小，教师还这么松散，真是领导不作为！但是慢慢地我感觉到了自己的浅薄，原来这正是"无为而治"的大智慧，教师们有了自由放松的时间，可这并不影响他们工作时积极肯干的热情。

姜老师是班主任，有一段时间他耳鸣睡不着觉，晚上去医院做高压氧舱治疗，白天回单位工作。治疗的时间有半个月，他一节课也没有落下。白天累得不行了，他就趴在桌子上休息一会儿。我说："你怎么不请假休息呢？"他说："快期中考试了，看不见学生心里更发慌。小毛病，没事儿。"

王老师是美术教师，每个周末都义务到学校给喜欢美术的孩子上课。据我所知，他在市美术协会小有名气，市直属学校的很多家长都千方百计地想把孩子送到他那里去学习书法和素描，但王老师却更愿意免费教这里的孩子。他说："这里是我的家乡，我是从这所学校走出去才看到外面的世界的。我想尽我所能帮家乡的孩子实现他们的梦想。"

"阎老师跟这个孩子是亲戚吗？"来了几个月之后，我发现有个男孩每天中午都会到阎老师那里吃饭，就问办公室的其他老师。"不是，是两年多前阎老师家访时发现这个孩子的父母都是残疾人，老人不在了，孩子每天吃饭都成问题。从那时起，阎老师就每天中午给这个孩子带饭。现在孩子上初三了，阎老师也坚持了快三年了。"若老师们不说，我绝对看不出阎老师的付出，因为她从来不主动跟别人说这件事，她做得那么理所当然。

原来，这三层楼里的教师对学生爱得深沉，爱得不着痕迹。一天，有个学生拿来几张妈妈烙的大饼送给我，我当时还不知所措，因为从来没有见过这样的礼物。原来，那是孩子对老师最真挚的情感表达。正是这么多老师不离不弃、无私奉献的教育情怀代代相传，才有了这里文明的传递，才有了这里教育的延续。

（原文发表于《班主任之友》2022 年第 1、3 期）

她为我写过诗

张玉芹

她是为我开启生命全新旅程的师傅。

两年前，她受邀来到我们学校，为中青年教师进行读书写作培训。她眼神灵动，气质淡然，用平和的语调侃侃而谈。那天的讲座精彩纷呈，她从自己的读书经历谈起，毫无保留地向大家介绍自己的读写心得，分享自己的读书写作方法。讲座结束时，她送给我们一首纪伯伦的小诗：

如果有一天，

你不再寻找爱情，只是去爱；

你不再渴望成功，只是去做；

你不再追求成长，只是去修行：

那么，一切才真正开始。

进入不惑之年，处于职业生涯的瓶颈期，苦苦挣扎却没有突围的途径，我的人生一片灰暗。听说她组建了读书写作团队，一番深思熟虑之后，我决定碰碰运气，看能不能跟随她的脚步来一场基于成长的修行。打开手机，我扫描了她的团队二维码："杨老师，您好。我是实验小学的老师张玉芹，我可以加入您的读写团队吗？"

"张老师，您好。加入团队挺累的，每周要写一篇文章！老实说，我不看团队成员底子好不好、文章写得好不好，能不能坚持、愿不愿意去坚持才是最重要的。有的老师可能到了现在写得也并不好，但是她一直在坚持，很努力地做事，这种精神让我很感动。加入团队的要求就是这样的！"她的语气中带着探寻。

"让我试试吧，杨老师！"

"所有老师进入核心团队都要经过一段时间的考核，您可以跟你们学校的夏老师、李老师一起交流！有不明白的地方多问问团队里的姐妹吧！"

"杨老师，谢谢您！"欣喜欢愉溢满了我的心田。

就这样，我开启了自己的读写之路，每周写一篇教学小故事，每月团队共读一本书，写一篇读后感。最初我们的团队取名为"荣成叙事"，大家来自不同的学校，因为相同的志向走到了一起，每个人都有自己的教学小故事，点开群里的链接，可以欣赏到每个人的精彩。起初，我们的文章都稚嫩粗糙。我的第一篇读后感写的是《童年的消逝》，我时常抱着书来啃，但下笔时还是思路模糊。没做班主任，教学小故事的素材也不够丰富，经常会有"巧妇难为无米之炊"的感觉。我焦躁过，叹息过，是不是自己没有写作的天赋？做出加入读书写作团队这个决定，是不是太过唐突了？

坚持，再坚持，加入团队前杨老师对我说的话依旧萦绕在耳畔。

即使是在备战优质课比赛的过程中，我依然会挤出时间写一篇小文章。没有教学小故事就写某本书的读后感，写教过的学生和身边的亲人，即便没有收获，也坚持不懈。

暑假时，我终于扛不住病倒了。或许是心灵需要一场休憩，或许是上有老、下有小的窘迫，我犹豫了，开始怀疑自己要不要这么辛苦。周末别人逛街、追剧、做美容的时候，我坐在图书馆里阅读、写文章，可是辛苦的耕耘却并不曾收获什么！就这样，我扔掉了初心，放弃了坚持，当了逃兵。

离开团队后，我仍然保持着在团队里养成的好习惯，每周写一篇小文章。新学期，学校安排我当了班主任，身边的写作素材也多了起来，团队共读的书目我也会买来读读，从心底里，我与读写还是有着一缕剪不断理还乱的情愫。再后来，在威海教育学会的读书征文大赛中，我得了一等奖。这个消息是雪梅老师通知我的，参评文章是在团队中时写的读后感。抱着证书和奖品，我在班上向孩子们"炫耀"，还记得孩子们热烈地为我鼓起了掌，眼神里流露出了对老师的崇拜！好消息接二连三地传来，《班主任》杂志刊登了我的随笔《课堂来了"旁听客"》。想当初，杨老师可是为这篇文章提出了不少修改意见，在修修改改的过程中，我对教育叙事写作的认识在不知不觉中提升了。原来成长就在潜移默化中发生了，只是我身处其中，并没有意识到自己的变化！

虽然离开了团队，但我仍无时无刻不关注着团队的发展，看着它慢慢壮大，成员不断地开花结果。他们有了自己的团队标志和徽章，推出了团队的微信公众号，每年寒暑假组织的中小学生阅读活动推动着全市中小学生的阅读素养的提升，周末和假期的读书志愿活动在全市铺开。雪梅读写团队成了荣成市教育的一个响当当的品牌，为荣成人的阅读教育事业做出了巨大的贡献。

我在羡慕中隐隐带着失落，想重新归队，却又自觉无颜面对雪梅老师和昔日的队友，直到周年纪念日的那场活动的举行。亲切和蔼的杨老师仍旧把我看成自家人，邀我一起来拍全家福，迎军姐姐在会场里经过我身旁时还跟我打招呼。团队里多了很多年轻的面孔，甚至有九月份刚参加工作的大学生。她们是幸运的，在入职之初，便得到了光明的引领，相信她们的职业之路会更加平坦、更加开阔。

一群人齐唱一首歌，虽然各有各的调，但是她们充满了力量。积蓄的力量总有爆发的瞬间，心底的呼唤让她们走得更远。回去还是不回去？抛却功利性的东西，自己心中的呼唤呢？好想要一枚徽章，好羡慕她们佩戴着读写团队的纪念徽章！可是，我没好意思开口，毕竟已经离开了团队。好几次，我冲动地拿起手机，想要发出重新申请加入团队的微信，可是又阻止了自己。

是谁的歌声在吸引着我，还是心里的期盼在召唤着我？寻找自我深处的芬芳吧，职业生涯虽已过大半，但中年人的生命也可以熠熠生辉。寻找心灵的方向吧，为自己的职业生涯画上闪亮的一笔！"蜗牛角上争何事，石火光中寄此身。"归！回归！回到团队中抱团取暖，回到家人身边寻找力量！

"杨老师，我想归队！您看行吗？"

杨老师发来了两个大大的拥抱："真想好了吗？"

"嗯，义无反顾！"

"所有用心去做过的事，都是有意义的，对吧？"

"是，现在打开自己写的教育叙事，感觉是那么亲切，那些文字都是笔端流淌着的生命留下的痕迹。"

我又开始了我的幸福读写生活，熟练地用 QQ 上传每周的教学小故事，跟姐妹们一起参加志愿活动，聆听雪梅老师为大家专门请来的重量级大咖的讲座，读写的路与姐妹为伴不孤单。

一日，学校里的好姐妹告诉我："雪梅老师为你写了一篇文章！"

"嗯，看到了——《别让自己倒在秋天》。"在雪梅老师的 QQ 空间里，我又找出了那篇她专门为我写的小文章。今天读来心情依旧澎湃，眼泪打湿了眼眶。在文末，她这样写道："有时候，我们耐得住冬的凄冷，也经历了播撒的坚定与憧憬，忍住了暑气的燥热、蒸烤，却偏偏倒在了那个即将收获的节点上。别让自己倒在秋天，别让一时的溃败成为永久的遗憾！"

成长的路上，她为我写过诗。她用诗一般的语言温暖着教育路上每个焦灼不安的灵魂，唤醒他们对教育的热情；她用诗一般的情怀引领成长，让蜕变悄悄发生。

（原文发表于《语文报》2020 年第 18 期）

让教育生命拥有随时启航的动力

杨雪梅

"杨老师，听了您的讲座后真的特别心动，等我在学校里把关系基础打好、站稳脚跟后，我就跟着您读书写作，研究班级管理和学生成长……"新入职教师培训的间歇，一位年轻人这样表态。

令我大跌眼镜的不仅仅是这位青年教师极其"现实"的职场观，还有许多接触过的老师们对于与成长相关的时机与契机的论述。在刚刚入职的老师看来，工作之初，立足与融入理应是主要目标，专业成长这件事是可以待中年蓄足了经验、扎稳了根基后再议的。可中年教师也有自己的困惑，老待养，子待教，在工作岗位上又正当主打之年，哪里能抽得出空闲呢？倘若是没成家或近退休的年龄，倒是有大把可以自由支配、阅读思考的时间。而即将退休的老师们，往往又会唏嘘不已：倘若时间倒退个十年、二十年，自己肯定不会虚度那大好的成长时光……稍一归结就不难发现，只要愿意找借口，成长似乎永远都难逢其时。

美国杰出的人本主义心理学家卡尔·罗杰斯在《论人的成长》一书中指出，"对我的生命来说，必须尝试新东西"。借由这一点启示，我也希望通过几个鲜活的事例，与所有的老师们再次聊一聊"成长时机"这个话题。

一

我曾是一名特教老师。2016 年的元旦，站在那个特别的时光交接点上，我突然被自己十七年来一成不变的教育生命状态震惊了。人已近四十岁，真的要不思改变，如此终老吗？习惯了随波逐流，我还能够重拾一颗活力满满的心吗？错失了大好华年，我的"折腾"还能漾起什么涟漪吗？

后来的无数事实向我证明：只要内在启航的动力不曾丧失，向前迈进的任何一步都或许能收获难以预料的精彩。

2016 年到 2018 年，囿于特殊教育闭塞的环境中，不再期待外力会给予任何支持的我，开始了艰难的自我挣脱之旅——缺少学习的平台，我便买来大量的专业书籍，通过阅读不断提升自己的教育思考站位；缺乏自己的教育主张，我便开始不断用文字思考、梳理，把零星疏散的想法慢慢归结成具有参照意义的篇章；没有开阔的教育视野，我便不断地自费外出学习，以积极而谦卑的姿态努力扩大自己的视野。

在别人看来，我的收获只是一篇又一篇的文章见诸报刊，一张又一张的稿费单纷至沓来，可我知道，远不止这些。"我们在杭州有活动，要不要试着写一写工作室的现场纪实？"面对主办方的邀请，我这个文字场上的初生牛犊毫不犹豫地冲了过去，到了现场才发现自己对这种"纪实"一无所知。"我们人手不足，有个长篇人物专访稿需要尽快做出来，你正好放寒假，能不能帮个忙呢？"面对杂志社火急火燎的请求，我很是痛快地接下了任务，直到着手写才为自己的鲁莽接单感到害怕。完不成任务怎么办？交不了稿子怎么办？……为了不负那些信任与重托，我所能做的就是一次次重新学习，一遍遍自我启动。最终，在一轮又一轮崭新的生命体验中，我收获的是别样的成长精彩，发现了自身可以持续涌动的能量。

2019 年于我而言，意味着更艰巨的挑战开始。一个普普通通的一线老师，走到了教育研究与教师培训这个专业性极强的工作岗位上；一个人轻车熟路的读写成长之旅，因后面被绑定了一个团队而让我不知该何去何从；一个特殊教育出身的班主任，要努力带着一群普通教育的中小学班主任去经营工作室。家人曾劝道："其中的任何一条对咱来说都是极大的挑战，现在你还要三管齐下，放弃吧！我们从来就不指望着家里出个能人或名人……"

尽管一辈子守在教室里，带着十来个特殊孩子同样也不缺乏职业的意义，但我认为一线教师成长的空间并不限于教室。"难道我不能将自己的成长蔓延开来，使更多的学生因我的成长、老师们的成长而受益吗？"这些考量，最终都转化成了我的行动。我决定重新开始，边研究边行动，边学习边引领。

当在教师培训工作中扎扎实实地做了一些探索和改革后，当在读写团队建设中看着大家的读写成果挂满枝头后，当在班主任工作室中培养出了一个又一个领军人物后，欣喜之余，我亦庆幸。敢于自我挑战，敢于不断启航，才最终有了荣成教育土地上更多美好的绽放。

二

如果说，我的不断蜕变、不断超越，是迫于环境逼仄，是源于对时光的抗争的话，那么王迎军老师满可以心安理得地等着退休，不用再次面对难以预知的挑战。

她是一所初中学校的教导主任，儿子上了大学，自己也早已评上了高级职称，这样的老师可以算得上是妥妥的人生赢家了。

2017 年 9 月，我在荣成市做了一场题为"读与写——向着自己开一朵花"的专题讲座。结束后，王老师走上前来："能不能加个好友？希望您可以推荐几本书给我！"在不多的交流中，我才知道曾经的她也在某个论坛上开过专栏、写过文章，只是"一个人的坚持有点儿难，最终遗憾地放弃了"。后来，荣成市教育教学研究培训中心成立了由我担任导师的青年教师读写团队，由于离"年轻"二字有些遥远，她又只能眼巴巴地当着旁观客。

2018 年元旦，当得知我要彻底放弃原来由官方发起的青年教师读写团队，要自己选成员重新组建团队后，王迎军老师第一个报了名。"这个机会我盼了好久了，现在想来都有点儿像个梦，虽然岁月可能不饶人，但我依然想试试这种坚持的力量……"在团队成立仪式上，她眼含泪光地说道。

一本本书地追读，一篇篇文章地锤炼，凭着不懈的韧劲和丰硕的收获，王老师俨然已经成了团队里人人尊敬、人人喜爱的军姐。如今的她，在坚守学校领导岗位的同时，还主动承担了雪梅读写团队琐碎的管理工作，提醒大家每个月该读什么书，每周别忘了提交作业，帮助青年教师修改文章，并进行成长指导……

"人生的成长之路没有终点，我多么想将这种不断追寻、不停蜕变的状态永远保持下去呀！"其实，我一直都坚信，王老师身上拥有着强大的自我保鲜功能，只要愿意，每一刻她都可以自我启动并启动别人！

三

车英老师是我当年在荣成特校时的同事。她的成长经历或许最能诠释"随时启动"四个字。

工作之初，为了解决所在初中主科教师不足的困境，音乐专业毕业的她不得不改教语文。她逼着自己边学边教，很快就成了语文教学好手。两年后，因工作需要，她又被调到特校负责文艺工作。她自学手语，不断寻找方法走进残障孩子的心灵，依然干得风生水起。

40岁那年，一直负责学校文艺工作的她主动找到领导，要求做班主任。显然，这样的进取之心在大多数人看来实在是太迟了。我曾私下里问过原因，她说："厌倦了教了半辈子书却没有亲近学生的感觉，我想试一试。"我听了心头一震，这样艰难的重启，需要多大的决心呢？

离开特校后，我带着自己的读写团队继续前行，她忙于任教班级里的耕耘，彼此之间鲜有交集。直到荣成市第三届"名班主任"评选时，我在淘汰名单中看到了她的名字。"这把年纪怎么想起来参评了呢？就算入围了，拿到一纸证书也没那么容易……"话音还未落，她却急急地接过话茬儿："我其实就是希望能有一个机会多学些东西，我不想过坐井观天的生活，我也很想知道外面的教育世界到底是个什么样！"她的迫切，没有人比我更能感同身受，那些闭塞而困顿的时光，何尝没有煎熬过曾经的我！

"如果你愿意从现在开始坚持阅读，坚持用笔反思，坚持用行动照亮自我，你可以试着跟我走，我现在正好负责班主任培训工作，很愿意带动那些渴望成长的人。只是，这样的跟随首先需要熬过一段充满苦和累的孤寂时光，你可以回去考虑一周，但凡有丝毫的犹豫，都不要来找我！"虽然捕捉到了她的迫切，但我不相信同一所学校里还能冒出第二个如我这般充满韧劲的人。"不用考虑了，我就跟着你！"这是她当时给我的回答。

以班级活动为载体，帮助残障孩子开启心智；以雪梅读写团队的志愿服务团队建设为抓手，将自己所能散发的光亮四处播洒。在后来的日子里，我时常有恍惚之感，这个在我面前快速蜕变的车老师，到底是她本人还是另一个我？

许多人对我个人以及雪梅读写团队老师们的爆发式成长始终充满好奇。其实，在我看来，最重要的根源就在于，我们为自己葆有了随时启动的能力，在坚持之中不断自我刷新、自我超越。

（原文发表于《师道》2021 年第 3 期）

有一种教育生命之花从不凋谢

杨雪梅

那是在我所组织的一次读书写作线下交流活动现场，一位老师正在发言，旁边一位年轻老师附在我耳边悄悄地问："这个老师真的已经五十多岁了吗？还有刚才那两个老师，她们这精神头儿，对工作、对成长的投入状态，明明比我们更有冲劲和活力呢！"

我听了只是笑了笑。老师这个群体，似乎比其他任何职业人群都更容易衰老憔悴。但这又绝非定律，因为总有那么一些人能用热爱为自己冻龄驻颜，能用不断追寻的迸发姿态让自己的身影惊艳时光，就如同一朵从不会凋谢的花。

一

认识春平老师，是因为四年前应邀去她所在的学校举办一场"教育读写与教师专业成长"的专题讲座。在返回途中，我收到了她加好友并希望能一起成长的请求。

在巴掌大的县城里，要打听到一个人的"前世今生"很容易。春平老师在多年之前就用持续的笔耕梳理自己敏锐的教育思考，原本顺着学校中层岗位可以越走越高，可是因为喜欢深扎课堂，因为享受和孩子在一起的那种成长姿态，她重新回归教学一线，希望可以将自己的教育时间延伸得更长。

如果没有走近一个人，无论他多优秀都只是传说。春平老师的加入似乎一下子刷新了我混沌迷茫的世界。原来，想干就干，说走就走，才是一个教育人最美丽的盛开姿态。

2018年暑假，一场远方的教育高端培训时时牵绊着我的心。只是，一个草根式的教师成长团队既没有政策的支持，又没有任何经费来源，关于远方的行走似乎只能是个美好的向往。无意间和春平老师聊起此事，她三下五除二就为我、为我们团队破解了难题："真正想开阔视野、渴望成长的老师，肯定是愿意自费学习的，这个您不用担心，只需问问谁想去就行了！其他的事都由我来联络……"

走出去后，我才知道她近年来身体抱恙，受不得酷热，也禁不起空调的冷风。可是，即便如此，她依然是大家的主心骨，把一群人的出行安排得妥妥当当。在学习现场，她的专注姿态，她的敏锐思考，更是令同行的老师们惊叹赞赏。"平姐的担当、专注和认真永远是我们望尘莫及的，她把自己活成了大家羡慕的样子！"很多老师眼里闪着光，对自己未来的模样似乎也有了预设和向往。

2020年初，春平老师因身体抱恙不得不退出了雪梅读写团队。如同送别一位远行的亲人，又好像在和并肩的战友挥手告别，嘴里虽云淡风轻地说着"身体要紧，好好休养"，在屏幕对面无人看见的地方，我早已是泪流满面。直到后来我意识到其实她始终都在，只是换了一种方式，心才终于找到了安放之处。

在团队开展的所有活动中，都能找到她的身影，团队伙伴取得任何成绩，都能看到她默默点赞的痕迹，甚至在她自己的朋友圈里，她也始终以雪梅读写团队成员的身份自居……这个团队的每一次攀登，团队成员的每一次成长蜕变，春平老师都是最长情的见证者。

2021年，当我决定从繁重的工作中挤出点儿时间用来推动学生读写素养提升时，我们的春平老师终于回归了！初时，她总是默默地走到活动现场听着记着，中间休息的时候会和孩子们就着当天的讲座内容海阔天空地侃个不停。后来，她这样给我留言："雪梅老师，我也想给孩子们上一堂课，你觉得结合王安石的生平背景聊聊他的诗作怎么样？"我笑了，踏实而满足，因为这一刻既在期待之中也在情理之中。一个每次看到孩子眼里都有光的老师，在我们这样火爆的公益活动现场肯定是"不甘寂寞"的。

前些日子，春平老师带着自己多年思考的成果来见我。"雪梅老师，我整理了两本书稿，能不能帮忙看看有没有合适的出版社？"我一惊，在大多数人都以是否"能用""有用"来衡量做一件事有无价值的时代，既无晋级之忧又无发展之愁的她竟然愿意沉下心来整理书稿！转而，我又多了一份了然与理解，教育路上行走一世，总该给自己留下些什么痕迹！或许，恰是因此，在想到出书时，她第一个便找到了我。

无论何时，我都很喜欢坐在台下当她的听众，聊教育也好，谈生活也罢，她的神态和言谈间都有着令人难以抗拒的恬淡、从容和豁达。与一个这样通透的人相知相伴，我自己也变得明亮而通透了起来。

二

大家公认，老卢其实一点儿都不老。之所以非在姓前生生加上一个"老"字，或许皆与她的禀性有关：一是做事风风火火，泼辣老练，不论是加班加点的体力活儿，还是讲理斗智这种嘴皮子上的功夫，派她出马皆不在话下，准能分分钟搞定；二是沉静、坚韧、有耐性，能一天安坐，只为临摹一长篇字帖、读一本经典著作或整理一些文史典故。这些品性在年轻人身上实在是难能可贵。于是便有了这样一种现象：团队里的很多人未必了解卢桂芳，但提起老卢似乎人人都能说道说道。

我与老卢认识的时间最长。我们的孩子小学时在一个美术班里学素描，我是那个在教室外刷手机的家长，她则是交一份学费最后培养了两个人的"厉害的妈"。"你们都是老师呀，你看看卢老师，陪着闺女学画，结果自己练成了素描高手！"培训班老师话外有音：你这个家长不思进取也就罢了，连接送孩子都常常不能按时。那个时候，老卢就是我心中遥不可及的神，共同陪娃好几年，彼此的交流却没有超过三句话！

2018年，老卢来找我，问："你这两年到底干了啥？怎么朋友圈里铺天盖地的全是与你有关的消息？"当得知我组建了雪梅读写团队，以同读共写的方式引领着老师们追寻专业上的成长与突破后，老卢毫不犹豫地选择了加入。

2020年疫情来袭，老师们都处于居家状态，哪儿也去不了。我给老卢发微信："闲着也是闲着，要不咱每天策划一个班级管理的挑战小话题来写一写？密度和强度会不会有点儿大？""写就写，老师最欠缺的就是对班级管理中各种问题的应对与思考，借着机会逼自己一把总好过无所事事！"我笑了，似乎所有计划已久又犹豫不决的行动只要和她说说，就一定能有顺理成章地推行下去的理由。最令人印象深刻的是，某个周末她觉得自己足够清闲，两天时间写了12篇教育文章，保守估计不下两万字。

在团队一众小伙伴眼中，老卢的"老"其实意味着见多识广。百味本草，哪个可食用，哪个可药用，她能辨得清清楚楚；传统物件，需要如何选材加工，如何制作成型，她非要研究得透透彻彻；风物民俗，在许多人眼中俨然是不可追的过去，她却能说得明明白白。"我上了那么多年学，连理化生的实验都是背出来的，可卢老师为了让我们明白'只要愿意就可以挤出时间来做一些有意义的事'这个道理，竟然一本正经地准备了大包小包的物品做了个现场实验！"现为某所重点中学中层领导的老卢的学生坦言，"老师的严谨认真是自己从教路上不可或缺的法宝。"

在熟识多年的老友心中，老卢其实还很"小"。因为不会迎合，她干了一辈子也只不过是名"小"老师；因为不懂圆滑，她的言行常常令人觉得多了些锐气；因为一板一眼，在许多喜欢"差不多就行"的人眼中，她就是迂腐的另类……与她相处，其实真的可以如同面对一个单纯的孩子那般，好就是好，一就是一。

从来没有任何光环的笼罩，可没有人会否认她就是一束暗夜里的光，突兀却不可或缺，刺目却带有温度。这样的一种绽放，火辣辣的，却又总会让人觉得，万花丛中非有她不可。

三

我常常想，如果不是因为当初站在一群年轻人中间把她凸显了出来，我们之间相携相伴的缘分还会不会如此长久。

2017 年 9 月，我在自己的职业主阵地——荣成市，做了人生中首次关于教师专业成长的讲座。当时负责组织活动的领导告诉大家，将成立一个青年教师读书写作团队，当天的主讲者就是成长导师。一散会，一群年轻老师便围了上来询问他们所关心的后续话题。

人群中，有个人并不年轻，也没有如众人那般紧紧地围拢到我的面前。她观望着，想说什么，却终归什么都没说出口。我捕捉到了那份犹豫，主动加了她的微信。她就是王迎军老师，我一直都叫她军姐。

当意识到教师的成长不是单靠行政的力量就能推动时，2018 年元旦，我把教育行政主管部门帮我建立的读写团队解散了，在个人朋友圈发起了召集令——"愿意坚持读写，想追寻自我成长的教师，请跟我来！"这一次，用军姐的话来说："我终于可以光明正大地走进来了，因为不是非年轻不可。"

如果说老卢像一团火，走到哪里都能让人感受到一片炙热，那么军姐则像一汪水，湿润，平和，令人心安神静。

"你说咱们团队的老师按照学段或者学科来分组好不好？这样大家共性更多，碰到任何教育问题都可以商议解决。"她经过深思熟虑后提出的建议，哪里会不好？更何况她言谈间的那份谦和与亲厚，在让人觉得体贴周到的同时有如沐春风之感。

"全市中小学生都认可我们发起的假期读书打卡活动，参与热情也极高，你说我们印点儿书签当作奖励好不好？你同意我就和其他几个老师去办，剩下的不用你操心。"她作为团队发展坚实的后盾，所有需要我筹谋的事她都会想到前头，所有需要我安排的事她都能安排妥当。

很多时候，我会因压力而焦躁，因忙乱而疲倦，因外界的期待过高而不安。"没事的，大家都在，所有的事都不是你一个人的事，即便天塌下来了不是还有咱们共同去顶吗？"天自然不会塌，我更不会垮，因为她总能第一时间捕捉到我的压力，站到身边来与我一同扛。

作为学校的管理层，工作的繁忙与压力几乎不能给她留下什么属于个人的时间，她却非要执着地把专业阅读和写作这件事坚持到极致，追寻另一种精神明亮的成长；作为教育职场的老兵，既没有评职称的驱动又没有荣誉的拉扯逼着她向前，她却在专业发展的路上倒逼自己去找寻第二个春天，只因对教育无法言说的那份情感。她的成长，虽静默却持久，虽低调却奢华。

有一种盛开，既没有张扬的色彩，又没有浓郁的芬芳。可你知道，不论春夏秋冬，不论风霜雨雪，她始终都在点染着每一个季节里的每一天！

在教育的田园里，有一些花从不会凋谢，昂扬也好，匍匐也罢，在沐雨经霜的路上，这些花真的从来都没有放弃过生长和绽放！

（原文发表于《班主任之友》2022 年第 12 期）

第 二 章
挣脱发展的迷茫

"守着守着，便厌了；走着走着，便倦了。"这短短一句，是相当一部分班主任真实状态的写照。幸运的是，只要心不灭，黯淡里也可以有光；只要肯找寻，失意中也可以有机遇。让我们把班级管理中的"一地鸡毛"扎成"鸡毛掸子"。

黯淡里，也有光

王迎军

教育生活的琐碎就像日子里的柴米油盐酱醋茶，让每一天的脚步都匆忙而紧促。匆匆里，那些温情感动的点滴，让时光有了春天般的缤纷，也让原本黯淡的过往有了光华。

参加工作后的第三年，组建了小家庭的我调入了新的学校。入职没几天，学校便组织老师来听我的课。听到这个消息，我本能地紧张了起来。学校此举，明显是要量一量我这个新手"桶里到底有水几何"。

我不敢大意，认真备课。那个时候，通信没有现在方便，资料不好找。我极尽所能，找到所有能找到的素材，并且别出心裁地手绘了一幅文章构思图，把一切准备妥当。

那一天，看着教室后面一长排的领导和同事，我感觉自己的心都快要跳出来了。那堂课讲得很顺利，学生的表现也很给力。下了课，一大屋子人围着我，给我的课做评价，平时不苟言笑的老主任对着我笑了笑，点了点头。而此刻，我才长长地舒了一口气，把心放了下来，自我感觉在新学校的第一份试卷答得还不赖。至今想起来，那份满足感不亚于在银行里多了一笔大额存款，而这个离家很远的陌生小镇都有了可爱的模样。

没过几天，主任告诉我，学校要承办联片教研，语文要准备三堂课，学校决定让我负责课内阅读的公开课。

我的心又悬了起来。讲什么？怎么讲？语文组里的同事凑在一起，你一言我一语地讨论起来。有人说，就讲刚刚讲过的那篇课文吧，讲得好又熟悉，毕竟要备好一堂新课并不是那么容易的事；也有人说，讲过的课再讲就没意思了，应该另起炉灶，再备一堂新课。讨论来讨论去，最后我还是决定"炒回锅菜"。

联片教研不同于学校内部的小打小闹，如果备得不好，丢的便是学校的颜面。有消息说，校长也要来听课。

那天，校长第一个走进教室。不知道怎么的，从他坐下那一刻起，我就担心不已，甚至过于紧张。当时的我，是多么需要肯定和鼓励的目光。而校长戴着一副茶色眼镜，我投过去的目光，都隐没在那副深色的镜片里，得不到半点儿回应。

校长刚开始还端正地坐着，后来他双臂抱在胸前站了起来，低着头在教室后面走了两步。我明显感觉到他对课程的兴趣越来越少。果然，还没到下课时间，他就径直离开教室，并叫走了老主任。

我知道这堂课"砸"了。其实，不要说校长，我自己也感觉这堂课讲得没滋没味。因为课堂上，我把大部分的精力都放在了如何让校长满意上。我尽力表演，却忽视了课堂的主体是学生。我把问题抛给学生，学生们面面相觑，不知如何作答——抢着答吧感觉太假，不答吧又明明是知道答案的。学生们手足无措，情绪低迷。他们肯定在想：这堂课，为什么老师要再"炒"一遍？学校还这么兴师动众地来听课？

结果显而易见，我"落榜"了。在很长的一段时间里，我懊恼又失落，不愿意回想起那堂课。我责怪自己当时那愚蠢的选择，假如我不偷懒，努力去备一堂新课，选择走一条相对比较难的路，会不会欣赏到不一样的风景呢？会不会就此打开一片新的教育天地呢？

但是，人生没有假如，也没有回头路。在长久的沉寂中，我懂得了与其懊悔，不如去行动。我一点点打破自己内心不敢、不会、不愿的壁垒，主动挑起更多的工作担子，并去参加优质课比赛、课题研究。2017 年，我幸运地遇到了杨雪梅老师，并加入荣成雪梅读写团队，随团队一起成长。不是没有年龄的顾虑，也不是没有家人的劝阻，但我心中的坚持告诉自己：向心而行，向新而行，人生的懊悔才不会重演。

人生怎能没有错过、悔过、痛过、哭过？但我们不可以在错过里、在于事无补的懊悔里、在椎心泣血的疼痛里，再耽于怠惰和固守已有的"四角天空"。擦干眼泪吧，珍惜每一次的遇见，抬起头找寻心的方向，向更远的山那边循光而行！

（原文发表于《教师博览》2020 年第 5 期）

不忘那失意过后的成长机遇……

每个人的一生总有一些机遇相伴，我也不例外。

我一直坚定地认为，机遇总是留给有准备的人的，要靠自身去创造；不然，即使机遇在你面前，你也会茫然与之擦肩而过。

触动再次成长的那根弦

当年轻不再，世事变迁，我曾随波逐流，在家长里短的讨论中、扑克麻将的激战中不能自拔！沉寂许久之后，市里的第三期"四名工程"的评选像是向我抛来了橄榄枝，又像是试探我是否愿意手握成长的试金石，让我有了试一试的想法。然而不久后的落选，犹如一盆冷水把我浇了个透心凉，让我心中那刚刚燃起的想成长的火苗瞬间被浇灭！

我在心底不禁绝望地呐喊："我还有成长的出路吗？"

"一次的失意没关系，你想成长的话，什么时候开始都不晚！"正当我头昏脑涨、不辨方向之际，雪梅老师在微信上给我发来了这句暖心的话，似一束温暖的光，照进了我满是伤痕的心中。

"我帮你分析了此次评选失利的原因，其他的硬件你都不比别人差，你差在了没有阅读与写作的积淀，机遇都是留给有准备的人的！淘汰你的不是其他人，是那个未能坚持下来的自己！如果你愿意来，我们就一起成长！"杨老师温柔而坚定的话语，让我顿觉星朗月明，让我毫不犹豫地敲下了"我来！"，并按下了发送键。

曾经相伴成长的那个人

我同雪梅老师是一个单位的同事。不记得从什么时候起，我们见到的她总是忙忙碌碌的。早晨，她抱着书本来学校；闲暇时，同事在聊家长里短，她只顾低头看书；放学后，同事们都陆续回家，只有杨老师还在办公室里继续学习。也就是从那时起，杨雪梅老师就追寻着叙事者团队，短短一年时间她就爆发了小宇宙，她边读边写，大量作品刊登在《中国教师报》《教师博览》等国内知名杂志上。

有一次，我看到雪梅老师怀中抱着的一摞书，便让她推荐几本给我读。杨老师当时共给我推荐了三本书——《寻找不一样的教育》《阅读照亮教育》《静悄悄的革命》。于是我假模假式地开始了我所谓的阅读之旅。思想上我是有着"有时间就读，没时间就不读"的心理暗示的，曾让那几本书躺在书架上蒙尘许久，现在想来真是惭愧！

当杨老师关切地问我"你的书读得怎么样了？"时，开始我如实回答，再后来就胡乱敷衍几句，便匆匆逃走了！而一起买书、读书的杨老师，除了跟随叙事者团队的阅读节奏还抽空读了很多的书，写了很多的感悟和故事，看着传达室里杨老师雪花般飞来的稿费单和报刊上变成铅字的文章，我只有羡慕的份儿。由此我懂得了决定做一件事情的时候，就要拼尽全力去做好。你尽了多少努力，人生才会有多少可能。

用读写的力量再次开启成长的那扇门

有句话说得好："要想走得快，就一个人走；要想走得远，请和团队一起走！"加入荣成雪梅读写团队这个温暖的大家庭，我了解到：截至 2019 年底，荣成雪梅读写团队共有成员 69 人！团队中有刚毕业的小年轻，有过一年就要退休的老大姐，团队群中每天都有骨干成员的文章发表在各大杂志报纸上的好消息，这一切的一切让我看得是"乱花渐欲迷人眼"！我羡慕团队伙伴的同时，又深感压力，但我始终抱定"不问成绩，用心读书"的理念，沉下心来，向着一本本的书走去！

读书是将知识转化为智慧，写作便是将所学转化为所得，要有持之以恒"入山问樵""入水问渔"的精神。半年过后，我收获满满。我的文章《特色课程，助力学生成长》发表于国家级刊物《中国残疾人》2019 年第 8 期。不断的阅读让我对班级管理也有了新的理念和视角，当我把体会和感悟诉诸笔端，竟然有了不一样的收获:《不温不火聆听　心贴心唤醒　专业知识融化》发表在 2019 年 10 月 21 日的《德育报》上,《阅读:向美而生,因行而美》发表于 2019 年 12 月的《江西教育》上。虽然数字不是惊人的,但我引以为傲的是当许多人原地踏步的时候,我一直在成长的路上坚定地前行着! 记得曾有同事说我:"都这么大的年龄了,怎么舒服就怎么过吧! 瞎折腾个啥劲儿啊!"每当此时,我总是会想起王维审老师说过的话:"大多数人选择了一种较为舒适、简单的生活方式时,仍然坚守着不被人理解的自我反思、自我努力,这不是所有人都能做到的——也正因此,并不是所有的人都能成功。"我只是坚定地认清了自己要走的路,在这条路上我走得充实而幸福。

感恩生命中这次美好的遇见,成全了我这颗愿意继续成长的心! 今后我愿意和雪梅读写团队的小伙伴们一起永怀成长之心,循光而行,用读与写的方式,坚定成长的朝向,潜心读书,用心育人,让更多的美好发生!

（原文发表于《威海教育》2020 年第 1 期）

在琐事里赢得时间、成就精彩

卢桂芳

随着教育工作的不断细化，越来越多的班主任焦头烂额，且不说组织课堂教学、进行班级管理和关注学生健康成长的工作有多么琐碎，单是各级各类主管部门的检查和活动就足以让人疲于应对，因为细化的教育要求每项活动都必须"留痕"存档，自动化办公和智能化联网体系要求所有信息都得电子录入，所有这些工作最终都落实到教育的末端执行者——班主任的肩上，其压力之大、任务之重不言而喻，很多班主任发出了"我们也想成长，可时间在哪里"的呼声。

心态决定一切

责任无法推卸，现实不能回避，班主任如何在琐碎的工作中寻找突破口，实现自己的专业成长？我认为首先要摆正心态，正视现实，做好本职工作。

美国著名心理学家马斯洛说过：心态若改变，态度就跟着改变；态度改变，习惯跟着改变；习惯改变，性格跟着改变；性格改变，人生就跟着改变。由此可知，心态决定了一个人处事的态度、方法和最终的结果。一位管理大师曾讲过一个故事：

三个年轻人在一个建筑工地上砌墙，有一位老者走过去问："你们在干什么？"第一个人回答说："没看见吗？我在砌墙。"第二个人抬头苦笑："我在赚钱养家糊口。"第三个人边干活边哼小曲，愉快地回答："我在建造一栋温暖的公寓，让人们可以有一个温暖的家。"

同样在砌墙，不同心态的人有不同的看法，只有第三个人把墙砌出了意义，因为他怀着一颗认真、积极的心。其实班主任的工作何尝不是如此呢？教育是什么？是在琐事的基础上构建灵魂的工程，我们面对的是一堆堆琐事，而琐事背后却是一个个孩子的成长，他们会有怎样的思想境界和人生态度，在一定程度上取决于班主任的工作态度。如果我们对他们、对教育抱有伟大的愿景，那么他们将来的人生也一定是积极的、充满意义的。只有放平心态，所有的辛苦和付出才会在未来盛开出一朵朵鲜花，此时的内心才会充满芬芳。看看那些将班级工作做得有声有色的优秀班主任们，哪一个不是一边安心忙碌，一边享受着幸福呢？

用智慧赢得时间

当然，班主任工作不能无限地加压，毕竟一个人的时间和精力都是有限的，运用自己的智慧觅得一个减压的绝招是班主任为自己赢得成长时间的前提。

班主任工作是一门艺术，同样的工作，如果换一个角度来看，可能会产生不一样的效果。学年之初，按照惯例，在校生总是要自愿参保校内意外险，可总有一些家长因为不理解而拒绝参保，然而从保险征购到完成保单填写的两周，我却很清闲。当其他同事还在和家长进行沟通时，我已经完成了电子保单的上传任务，而且是全班同学满额完成。其他同事纷纷向我"取经"，我向他们展示了我班回收的参保宣传页。在每一张参保宣传页的醒目位置上，我都用黑色碳素笔认真地手书了一行字："家长您好，小小保险虽然不能锦上添花，却可以雪中送炭，请您为孩子保一份平安！"其实没有哪一个家庭缺这百八十元的保费，也不会有哪一位家长不希望自己的孩子平安，家长无动于衷的原因之一是他们懒得去读宣传页上密密麻麻的字，而我寥寥三四十个字就可以让家长读到我对孩子的关心，所以他们不仅全员参保，还在宣传页的相应位置上认真填写了学生信息和家长信息。这样一来，在别人看来比较烦琐的保险征购工作，我无须多费口舌就轻松完成。依据家长提供的这份信息，我还顺利完成了学生信息及家长信息的录入，一举两得。

班主任的工作再忙再乱，其效果最终都落实到孩子的教育上，只要看到了这一点，家长朋友们自然会全力配合班主任的工作。在心理学上这是"同理心"原理，也叫"共情心"原理，共情是有力量的，它的力量在于唤醒所有人的参与意识，最终达成共育的最佳效果。

学会放手也是班主任必须掌握的一个工作方法，特别是小学的班主任。因为小学生年纪小，行事能力较弱，许多班主任在班级事务上事无巨细、亲力亲为，一个凡事都不能放手的班主任怎么会不疲惫不堪呢？

2011年，我第一次担任小学班主任，正好那年学校参与了山东省"1751"改革创新工程，其中一项就是要带着学生进行大量的创编工作和开展各种形式的宣传活动，"文化长廊"的建设就是一个重点，定期准备、更换内容成为常态化工作。很多班主任总是牺牲午休时间来完成这项任务，结果导致下午精力不足。我问："为什么不让学生利用课余时间完成呢？"他们异口同声地回答："学生那么小，怎么会排版？怎么能粘贴整齐？还是自己辛苦一下吧，免得做不好还得返工。"可我还是决定尝试一下，毕竟没有尝试，孩子永远没有成长的机会。第一次，我找了三四个比较聪慧、认真的女生，手把手教给她们如何安排版面，如何三人合作。张贴完毕，我们找出优点和不足，确保下次能扬长避短，等全部工作完成，再把走廊卫生打扫干净。从来没有做过这件事的她们显得异常兴奋，主动申请下次还来帮忙。第二次，我不再参与动手，只是在旁边进行必要的指导。第三次，她们就能独立完成了。之后，我再更换其中的一个人，这样，仅仅两个月之后，班里半数的同学都能胜任更换"文化长廊"版面内容的工作，而我早就不需要为此事花费时间与精力了。一事放手，诸事放手，让学生成为班级的管理者，我只需要把握好大方向，便能节约出更多的时间来做一些更有意义的事情。

用时间来成就精彩

几乎每个儿童都很仰慕自己的老师，并努力追求老师对自己的认同。从什么时候起，学生们不再仰慕自己，不再追求自己的认同，开始调皮叛逆了呢？这是每一位班主任都应该考虑的问题。一个优秀的班主任不仅应该把班级管理工作做得游刃有余，还应该突破重围实现自身的发展，在教学领域之外体现出自己的社会价值。

钟杰老师是把自己从烦琐的事务性工作中解放出来，并打造出一支高效的班级管理队伍的班主任典范之一。她是广东省名班主任、广东省名班主任工作室主持人、深圳市"我最喜欢的班主任"，是德育预设教育理念的提出者和践行者。我关注到钟杰老师是 2018 年 7 月在南京举办的《班主任之友》笔会。活动中，她对班级管理工作和班级育人故事的分享在我的心里种下了一颗种子，一颗优秀班主任的种子，一颗在烦琐事务中实现业务突破的种子。作为《教师博览》《中国教师报》《教育时报》《德育报》等媒体特别报道人物，《班主任之友》《班主任》杂志封面人物，钟杰老师活成了学生们仰慕、同行们羡慕的样子。在 27 年的班主任生涯中，她发表了 200 多篇教育教学论文，出版了 13 部教育专著，这与她长期致力于班级管理技巧的研究和班本课程的开发分不开。

　　"不要去追一匹马，用追马的时间种草，待到春暖花开，就会有一批骏马任你挑选。"班主任的专业成长就如远方的奔马，抱怨追不来，观望等不来，用抱怨和观望的时间来做好自我成长，哪怕只是一些碎片化时间，只要充分利用起来就能有所收获，有所成长。

（原文发表于《班主任之友》2019 年第 12 期）

与矛盾和解，让班主任获得职业自由

王丽娜

"请班主任及时查看今天早晨的卫生检查情况，扣分多的班级抓紧时间整改。"看着德育处发在班级群的通报，我的心中愤愤不平。初四正处在紧要的复习关头，为何要用这些鸡毛蒜皮的事来分散班主任有限的精力呢？更何况班级的卫生并不是迈不进脚的脏乱差，只是学生会检查之前没有收拾完而已，如果能过一会儿再检查就不会扣分了。

"这个、这个，还有这个……"我们班的任课老师兼任德育处干事正和分管德育的副校长检查初四学生的仪容仪表，她毫不留情地将我们班里几个头发稍长的男孩一一指了出来。站在一旁的我，既气愤又委屈。我也注意到了，这几个男孩确实没有按照学校的规定将头发理成平头，可是，倘若非要让一个从小没有睡好头形并且为此深深自卑的孩子把自己的缺点暴露在众目睽睽之下，对孩子来说难道不是一种伤害吗？

"课间不允许疯打疯闹是明文规定，疫情防控期间排队洗手、排队就餐都是为了防止学生扎堆聚集，你作为骨干班主任，又是学校领导，会不知道吗？"面对着德育副校长的质问，我确实无言以对，这些规定班长会强调，班主任会千叮咛万嘱咐，我已经听过了无数遍，早就烂熟于心了。"可是，校长……""你看，那个班又出来了几个孩子。王主任，作为领导你得协助德育处的工作呀，你得给其他年轻的班主任做出榜样啊！你都这样，我还怎么管？"德育副校长意味深长地看着我，埋怨又焦急的语气让我无地自容，那到了嘴边的话只能又硬生生咽下去。"校长，您也是教语文的，置身如此浪漫的雪景，您的内心也会涟漪微动，痴痴贪恋吧？您也想仰起头来，让雪花自由地飘在脸上，感受大自然的亲近吧？难道学生们就不想吗？不能打闹也就罢了，欣赏一下雪景的权利也要被剥夺吗？不允许学生为美驻足，不允许学生感受美，我们又如何要求学生内心柔软，看得见温暖，写得出美文呢？"大团大团的疑问压在心底，我纠结着要不要说出来。

　　曾经，我着实和这些条条框框硬碰硬地斗争过，刚毕业那年甚至还为此和分管领导起了正面冲突。谁也没想到这样一个刚走上工作岗位的老师会傻傻地"为学生好"和领导当面顶撞。"这个傻瓜，就不怕领导给她穿小鞋吗？""就是，多不值得呀！本来挺受器重的一个老师，全体教师会的时候还代表新教师发言呢，听说参加岗前培训时接受过电视台采访，区里还让她做代表呢！真是……唉！"不小心听到前辈们的议论，我也对自己的做法打上了问号，难道诚如他们所言，我的职业生涯刚刚开始就被自己亲手断送了？我相信，领导的胸襟和格局应该不止于此。但不得不承认的是"胳膊拧不过大腿"，我的牺牲并未换来政策上、制度上的一点点改变。

这些红头文件的制定者，他们的初衷是什么呢？作为一线老师，我们固执地坚持己见，目的又是什么呢？这两者是相互背离还是保持一致的呢？如何不碰触底线，又能吻合自己的教育观念呢？为师近十年，我不断地探索着。记得一次去杭州学习，浙江省德育特级教师韩似萍在做讲座时说过这样一段话："班主任永远都不要寄希望于没有问题，如果没有问题，我们的工作就没有了价值。当然，在这个过程中，班主任要学会进入自由的精神王国。"是啊，与其如此尖锐地对抗，莫不如与矛盾和解，相安无事吧！于是，我开始重建自己的精神家园。

学校监督班级打扫卫生，目的是让孩子们有个整洁的环境，健康又心情愉悦地学习，我的初衷又何尝不是如此呢？不管检查与否，我一样会督促孩子们做好卫生值日任务，那么，何必在意检查的结果呢，只管打扫就是了。与矛盾和解之后，我发现，放手反而是一种获得，我们班级的卫生责任区，很少扣分了。

学生的仪容仪表不尽如人意，那么在班级中发起"惠美女生""阳光男生"的评选标准大讨论如何？女生写写心目中理想男生的外在标准和内在标准，男生写写理想女生的标准，既倡导了文明的仪容仪表，又引领了学生的精神成长。

雪景美，不能尽情赏玩，那么何不调整形式，上一节有计划、有方案、有意义的劳动教育课呢？孩子们一起制订扫雪计划，一起动手为全校师生的安全出行开辟道路，该是多么难忘的经历！何不与体育老师携手，增设打雪仗、堆雪人的户外活动呢？如此一来，既使班主任获得了职业自由，又释放了孩子的天性，更为学生积累了宝贵的写作素材，一箭三雕，何乐而不为呢？

不允许学生吵闹，那么就设计一些在静默中完成的班级活动吧，顺势告诉学生静能生慧的人生哲理。

与条条框框的矛盾和解后，班主任便获得了职业自由。不必冲突，不必对抗，教育之美静悄悄地生长在教室中，盛开在每个孩子的脸上。

（原文发表于《威海教育》2021 年第 2 期）

走出误区，让班主任的生活有滋有味

王迎军

除了班主任角色之外，每位教师还扮演着为人子女、为人父母和为人朋友等多重角色，平衡工作与家庭的关系，走出几个误区，才能让生活有滋有味。

一、走出工作与家庭真空化的误区

周日上午，学校在班主任钉钉群里推送了重要信息，需要赶紧传达给学生及家长。消息发出去，看过信息的班主任会显示"已读"，但直到下午3点仍有两位班主任显示"未读"状态。

周末布置传达工作或任务，这确实会对生活有一定的影响，但是我们的工作和家庭真的能做到"一半海水，一半火焰"那样分明吗？

教育对象的特殊性，教育形势的多变性，都要求我们每个教育工作者时时处于"在线"状态，因为教育是一个需要持续和反复的过程，对学生的管理也不可能切割成教育时间和非教育时间这样的片段，教育职业之所以伟大也在于这样随时可见的奉献。

再者，每一个人都没有绝对掌控生活的能力，休假时不想被打扰，那么你能保证工作时间不会受到生活急事的干扰吗？

选择了教师职业，特别是班主任工作，生活和工作虽然有界限，但也避免不了重合和冲突。工作和家庭都不是孤立地存在于真空中的，所以，以一颗从容愉快的心面对工作，接纳生活中不期而至的"工作插曲"，也接纳工作中的"生活插曲"，寻常日子才会增添跌宕的旋律。

二、走出负面情绪蔓延的误区

无论是工作还是生活，都有疲倦的时候，这些疲倦都可能导致负面情绪。最糟糕的状况是，带着工作或家庭的负面情绪走进人生的另一个情境中，让负面情绪蔓延。

晚上，儿子数学作业四道题做错了两道，我一下子就火了，连声呵斥他做题不认真，上课没有认真听讲，做个作业也不让人省心。儿子吓得哇哇大哭。先生走过来，把儿子拉到别的房间安抚。待儿子情绪平复了，先生过来问我："是不是学校里有什么事儿做得不顺手、不顺心？"这下轮到我忍不住落泪。这次阶段检测结束要开家长会，我向各科老师了解情况，发现班里七科成绩竟然有三科年级排名倒数，学科老师历数我们班学生底子薄弱、学习状态差的问题。本就一肚子憋屈和失落，回到教室却发现一切都乱糟糟的，有几个学生还在讲台上切磋"武艺"。考得这么差还嘚瑟，我这火气噌噌直冒。回家后，余火未熄，"牵连"了儿子。

这样的场景并不鲜见，很多教师带着工作中的疲惫和焦虑回到家中，又要面对柴米油盐酱醋茶的琐碎，一旦到了某个临界点，就容易情绪失控，甚至引发家庭矛盾。同理，"家家都有本难念的经"，有的时候家里担子压下来，或者亲人间有了话语上的冲突，事情没有妥善解决，情绪没有得到有效安抚，进了教室保不准就声高了、气粗了、火大了。所以，学校教学楼大厅安装一面镜子，让每位教师在进入教室或者走出校门前，关注自己的仪表仪态确实很有必要，它是舒缓并调节情绪的减震器。

三、走出职业习惯生活化的误区

生活中，常有人会问我是不是教师，在惊讶之余我也发现，自己自带一份教育人的气场，这源于校园独特环境的熏陶，源于书香墨韵的浸润，源于多年从教的磨砺坚守。这是好事，但教师也容易把职业习惯带进生活。

办公室里小唐老师谈到一件事，有一天回到家她看到丈夫正栽花，满手都是泥，阳台上也是一片狼藉，她就忍不住了数落："你看你，不是批评你，讲点儿卫生懂不懂？赶紧搬着花盆到楼下去！"唐老师的丈夫打趣道："你在学校当老师，回家还要继续当老师啊？"唐老师意识到自己的语气像对待犯错的学生。其实，很多老师在和家人相处中或多或少都会出现指令性的、批评性的话语。同事们听了都很感慨，纷纷自我批评起来。

小张老师聊到她正在上初三的儿子，唉声叹气道："唉，我那个儿子啊，顽皮、叛逆、不听话，比别人家学生差远了！"但大家都觉得她儿子阳光、细心，很有精气神儿，这和她嘴里的那个顽皮、叛逆、不听话的男孩是同一个人吗？况且作为教育者，小张老师竟然也会拿别人家的孩子来比量自家孩子。细想，这也是教师的通病。我们能够耐心地对待别人家的孩子，能看到不同学生身上的闪光点，却不懂得耐心宽容地对待自家孩子，不能对自家孩子做客观真实的评价。我们教过那么多学生，潜意识里希望自家孩子是好学生的集合体，一旦他达不到我们心中理想的样子，孩子的缺点就成了心里的遗憾、嘴边的唠叨。其实，我们在有意无意中自带职业偏见。

"草在结它的种子，风在摇它的叶子，我们站着，不说话，就十分美好。"分清工作角色和生活角色，班主任生活才能有滋有味，寻常日子才能尽显美好。

（原文发表于《班主任之友》2021 年第 7、8 期）

"毛毛虫效应"的启示

曹新燕

法国昆虫学家法布尔曾经做过一个著名的"毛毛虫实验":

把许多毛毛虫放在一个花盆的边缘上,使其首尾相接,围成一圈,在离花盆不远的地方,还撒了一些毛毛虫喜欢吃的松叶。毛毛虫开始一个跟着一个,绕着花盆的边缘一圈一圈地走,一个小时过去了,一天过去了,又一天过去了,这些毛毛虫还是夜以继日地绕着花盆的边缘在转圈,一连走了七天七夜,最终因饥饿和精疲力竭而相继死去。

法布尔在做这个实验前曾经设想:毛毛虫很快就会厌倦这种毫无意义的绕圈,而转向它们爱吃的松叶。遗憾的是,毛毛虫并没有这样做。

后来,科学家把这种喜欢跟着前行者的路线走的习惯称为"跟随者习惯",把因跟随而导致失败的现象称为"毛毛虫效应"。

乍一读,您或许会觉得毛毛虫真是愚蠢。可遗憾的是,很多教师正如同这毛毛虫一般,在从众心理的驱使下,每天周而复始地

"绕圈而转"，也不易察觉自省。

为了避免更多教师像毛毛虫那般毫无意义地"绕圈"，首先教育部门要为教师减负，引领教师由无效地"转圈"转向他们"爱吃的松叶"，比如阅读、写作、研究、和孩子们在一起；给教师建立一个生命成长所必需的磁场，比如读写共同体，将愿意成长、渴望成长的教师聚集在一起，为他们提供更多的机会和平台；给那些治班有经验、有成效的"老班们"成立一个班主任成长共同体，让他们共同研究怎样带好一个班，在班级建设的道路上携手前行……

然而，这种期望要么一时难以实现，要么被埋没在一片忙碌的嘈杂声里，如同"一块小石片跌进奔腾喧嚣的大河"。既然我们改变不了外部环境，那就先从自身开始改变——

一、让心灵安静下来

觅一块心灵的天堂。可以让身心惬意地躺在一本书里，如同躺进一块宽大的草坪。闭上眼睛，用心欣赏云卷云舒，听清风鸣蝉，享受书中花的芬芳、果的清甜。那是一个极美的精神世界，如果没有一颗安静的心，即使坐拥一万卷书也是无法享受到的。

二、做好喜爱的事情

人的精神和能力都是有限的。当一项又一项繁杂的工作摆在眼前时，我们只能有选择、有重点地去完成自己喜爱的事情。从繁杂的工作中选择一项更喜爱的工作，用心去做好、做细、做实。因为人们在做自己喜爱的事情时，会更愉快，更专注，更投入，效率更高。而对于不喜爱的事情，往往三天打鱼两天晒网，拖拖拉拉，耗时费力，结果往往不尽如人意。与其把时间白白浪费在不喜爱的事情上，倒不如全身心地投入喜爱的事情中，在某一个方面做出成绩，展现教师自身的光彩。至于余下的工作，并不是一点儿也不做，可以采取一些方法和技巧，比如采用"切块"的办法，把它们分散到喜爱的事情中去，把它们当成忙碌后的一杯清茶，简简单单地完成就好。

三、告别抱怨，安心工作

抱怨没有任何意义，只会让心境更加浮躁。当工作像泰山一样压向你时，抱怨于事无补，又何必多此一举而平添烦恼呢？外部的工作不是我们能决定的，但是心态却是自己的，也是最重要的。当你拥有阳光的心态时，往往事半功倍。

朋友，您周末可以做多少事情？刚刚过去的这个周末，我阅读了《跟禅师学做老师》，重读了《幸福教师的五项修炼》，写下了四篇教育文章，超过万字。为什么我有这样的工作效率呢？一方面，阅读、写作是我热爱的事情，我用心陪护它们，如同陪伴我的孩子。另一方面，我不曾抱怨。写累了，我就读一会儿书，读累了，就洗洗衣服，拖拖地，当作锻炼身体。再写一会儿，累了，就和儿子说会儿话。当我把几件事情交替着去做，每一件事情都是新鲜的、有趣的。如此下来，读、写、生活三不误，这就是合理安排时间的妙处。

老师的忙碌让我联想到了秋收。我是一个农民的孩子，每到秋收时节，家里那叫一个忙啊！父母那才真是需要变成"千手观音"呢！可是，我从未听到他们抱怨。相反，在他们忙碌的脸上写满了喜悦和满足，那是丰收的喜悦，收获的满足。

清晨，在不能摘苹果的时候，父母会早早地去山上刨一车花生。车装满后，天大亮了，他们回家做饭、吃饭，休息。太阳升起了，刚好是摘苹果的最佳时机，他们就去果园。中午都是带饭在果园里吃，然后在果树下稍作休息。傍晚回家后，他们还要拾掇花生。此时，玉米也成熟了，但是父亲总是把玉米的采摘排在最后，因为相比之下，花生和苹果更急迫，不及时收获更容易腐烂。

这就启发我们：先做重要紧急的事情，接着做次重要不紧急的事情，最后做不重要、不紧急的事情。

我建议那些被"忙忙忙"困扰的老师到乡下去欣赏一下农民秋忙的景象。每一家都是这样，忙碌但从未有过一声抱怨。因为一年收获在于秋啊！

同样的道理，如果教师把自己看成一个农民，把每一段忙碌的时间看成播种的春、收获的秋，那么心态也会随着之而改变。

其实，教育的工作何尝不像农民啊？我们播种下了知识和希望，但是却无法马上看到收成。于是，我们愿意等待，怀揣着美好的希望，静静地等待我们的"庄稼、水果"慢慢地长大，慢慢地成熟。既然如此相似，那么何不真的把自己当成一个农民呢？当教育成为我们的"田地"，当学生成为我们生活的希望，哪个"农民"还会对着自己的"一亩三分田"发牢骚呢？

四、记得"尽心就是最好"

很多时候，我们的忙碌来自我们对名利的痴迷。报名参加某个评比，在考评中加一点儿分数，"挤去"几个低分学生，从而提高一下任教班考试名次，在评先选优中增加胜算……这些，都是教师给自己额外套上的枷锁。放下那些虚无缥缈的名利吧，像农民对待土地一般，尽心就是最好。踏踏实实地享受和孩子们在一起的每一刻，安安静静地享受阅读时刻，认认真真地在教育写作中倾听生命努力拔节的声音，将别有一番滋味。待到秋来，满野的硕果累累，远比一纸证书更能让人幸福陶醉。

朋友，让那颗抱怨的、忙碌的心放松一下，沉静地享受教育事业吧。这是我们给自己减负的最佳方法。

（原文发表于《江西教育》2018 年第 6 期）

向学生借力，摆脱职业倦怠

教师从教几年后，往往会面临职业倦怠的危机，教育热情减退、专业能力下滑，以一种机械应对的心态进行着重复性工作，也许很多教师在某些时刻，譬如夜深人静时、师生对话后，会意识到自身的问题，但稍振作几天后，倦怠感又会卷土重来。

教育教学工作带有重复性和创新性叠合的特点，看似简单重复的课堂教学中，实则蕴含着深厚的学问，这需要教师以一种诚挚的态度和坚定的毅力去挖掘、钻研和提炼。对此，一些教师常常会抱怨没有时间、缺少资源与指导，或者认为做这些没有必要，于是错失了专业发展的机会。

我们常常说，学生应该认真向教师学习，其实教育作为一种师生双向交互式的交往实践，教师也应该向学生学习，从学生身上找到自身专业发展的契机，摆脱职业倦怠。对此，我有以下几点思考：

一是让学生的理想目标和追梦助燃我们的职业梦想和从教道德，提升发展能力。校园里的孩子朝气蓬勃，对未来怀揣着美好期待，其中不乏胸怀雄心壮志者，他们坚定的目光、持续的努力和向上的步伐都会给我们带来心灵的震撼。一方面，这些在打动自我的同时，也可以点燃我们的教育梦想；另一方面，面对这些纯真的孩子，我们的心中会升腾起职业道德感、责任感。我们常说："为了这些孩子的未来，我们得努力，帮助他们成长。"朴素的话语可以洗刷职业倦怠，涤荡精神污垢。

二是在学生的质疑和成长问题中倒逼专业技能提升，广泛涉猎图书，觅得研究课题。授课时及课后，总有学生会就学习内容的疑难点提出问题，与教师相比，学生鲜有思维惯性、知识负担与刻板认知，其新颖视角所发现的问题极富学科研究价值。教师在给学生答疑解惑时，可拓展思维，发觉自身专业知识缺陷，这会倒逼教师去查阅资料或向专家求教，从而提升自身的专业能力。这一过程的持续推进，使我们在学科领域的研究逐步进入深水区，进而觅得值得一生研究的课题。答疑解惑和学识增长所带来的价值感与精神欢愉，怎能不促使我们忽略职业倦怠呢？

三是在学生的课时作业和自习训练中排除干扰，整合学习时间，强化自我约束。教师常常抱怨没有学习时间，整天都在干一些无关紧要的琐事，其实抱怨本身就是在浪费时间，但学生不同，他们有有规律的课时安排。尤其是在高中，自习较多，教师不妨走出时有说笑干扰学习的办公室，走向安静的教室，和学生一道学习，良好的学习氛围不仅可以帮助我们排除干扰，更重要的是，我们可以获得心性沉静、思维深入的阅读学习的时间。在共同学习中，学生既可以感受到教师的陪伴与温暖，我们也可以在学生身上找到学习的热情，可谓一举两得。

总之，学生身上蕴含着诸多宝贵的学习资源，即使在我们眼中有些孩子是"问题学生"，我们依然可以在问题的解决中梳理出背后盘根错节的原因，积累处理教育问题的智慧与学问。面对教育场域中的每件小事或难事，教师首先应正向看待，不抱怨、多借力，看到学生身上的青春活力和闪光点。所以，教师摆脱职业倦怠，何不从学生身上借点儿力呢？

（原文发表于《教师报》2022 年第 83 期）

且把"一地鸡毛"扎成"鸡毛掸子"

张　健

十二年前，师范大学科班出身的我，终于走上工作岗位，圆了教师梦。

学高为师，身正为范。我憧憬着在杏坛播撒希望，助祖国的幼苗茁壮成长……怀揣教育梦想，我成为一名教师，却发现，理想很丰满，现实很骨感。

职业初期的我，教育生活经常是一地鸡毛。

班级琐事一地鸡毛。一线教师忙，班主任更是忙，披星戴月，朝七晚六。卫生、纪律、路队……班级中，总有数不清的琐事等着你。保姆、警察、演员……各种身份不断切换。最要命的是，学生之间还经常有各种摩擦等着你来处理。一天下来，忧心伤神，职业幸福感直接为零。每天对照学校的工作配档表，应付着各种检查，处理着各种事项，像转圈拉磨的驴一样，一圈又一圈，一天又一天。

教学研究一地鸡毛。在大学里拿过讲课比赛大奖，在实习期是优秀实习生的我，入职后第一次讲公开课却被批得体无完肤。"牵着学生走""没有体现生本理念"，这些都是硬伤。

个人发展一地鸡毛。语文教学、班会、心理健康、综合实践、校本课程……兼任各种学科，我该从哪个方面寻找突破呢？我热爱语文教学，对心理健康也感兴趣，领导让我钻研品德学科的东西，希望能干出点儿名堂。但最终我没有一样能拿得出手的。找不到发展点，摸不到个人专业成长的路径，看不到发展前景，我茫然不知所措。

铺天盖地的"鸡毛"漫天飞舞……

这样的生活状态让我迷茫和痛苦，我开始反思，这就是我追求的教育梦想吗？我甚至开始质疑自己适不适合当老师。

反思良久，我坚定了当一名好老师的决心，我不甘心，立志要把这"一地鸡毛"扎成漂亮的"鸡毛掸子"。

工作第二年，机缘巧合，我被派到市直属学校任教一年，开始了城乡交流的教育生活。这一年是我教育生活的转折点。

这是一所大学校，教师人数多，办公室文化更多元。在这里，我遇到了齐鲁名师于青老师，并成为她的徒弟。

于老师推荐给我不少班级管理方面的书籍，在阅读中，我找到了班级管理的大智慧：学生是班集体的主人，学生不是"被管"的，而是"被激发"的；活动育人胜过千言万语；培养班干部，营造民主的班级氛围，实行班级自主管理……曾经"一地鸡毛"的班级管理状态真的改变了，我看到了"鸡毛掸子"上每一根闪亮的"鸡毛"。

我加入了学校的"三人行"班主任团队，在于老师的带领下，我们每周开展班主任论坛，梳理班级管理中遇到的难题，再由有经验的"老班们"为我们解读。思维在碰撞，思路变开阔，在优秀的同行身上，我们看到了榜样，看到了近在咫尺的美好希望。

在于老师的鼓励下，我开始了阅读写作。每月读完一本书，每周写篇千字文，教学因读写变得生动，"一地鸡毛"的状况也有了新的转机。"设计巧妙""能抓住课堂的生成点""大问题贯穿整节课"等这样的课评让我看到了自己在语文教学中的亮点。不断地反思，不断地记录，我这个"菜鸟"的教学有了极大的进步。

我开始尝试制定个人发展规划，寻找个人发展优势。这一年，我考取了二级心理咨询师，开始尝试将心理学知识运用到教学中。

时光荏苒，十余年过去了，如今，我教学成果颇丰。我被评为区级优秀教师、教坛新星；执教了市区级优质课、公开课；我设计的"运用卡牌技术开启语文学科"课程荣获区一等奖；我运用心理咨询技术帮助个体学生成长，多篇有关心理健康的文章在国家级、省级刊物上发表；我关注学生心理，尝试开展性教育课程，赢得学生的一致欢迎。我的课堂注重活动体验，注重培养学生的高阶思维，我变成了自己喜欢的模样——幽默、风趣、好玩。而这些，不都是曾经的"鸡毛"扎成的吗？

从"一地鸡毛"到扎成"鸡毛掸子"，我曾想，如果没有这一年的交流学习，我能这么快地踏上成长的快车道吗？答案是否定的。当然，生活没有如果，一切都是最好的安排。外在的推力固然重要，可我们内心的成长需求更可贵。

成长的渴望加行动反思，每个老师都有把教育生活的"一地鸡毛"扎成"鸡毛掸子"的魔力！

（原文发表于《教师博览》2020 年第 5 期）

第 三 章

调正成长的姿态

　　在时光的砥砺中，班主任工作成了很多人眼中"杂乱""琐碎""辛苦"的代名词。有一些人，不断与自我对话，调整工作状态和节奏；不断擦亮师心，坚定行动方向和育人理念；不断调适职业角色，做一个与时俱进的班主任……成长的姿态调正了，专业成长的根基扎深了，一切便都有了向上、向好的可能。

与心灵对话，做个内外一致的人

刘艳霞

很多人对心理学有着极大的偏见，认为去看心理医生或接受心理咨询是一件不正常的、丢人的事情。我曾经也有这样的想法，不敢直视自己的问题。直到有一天，偶然的一次培训将我坚固的心理防线打开一点点，我才开始走进心理学领域，试图通过心理学的知识解读自己的内心世界。在此期间，我由心理学"小白"，到了解一点点，再到现在的一知半解，才发现心理学对我的人生意义重大。在探索学习中，我越活越明白，生活也越通透。

一、透过焦虑看内心，了解自己

人的情绪多种多样，我们通常觉得高兴的心情是好的，其实，情绪不分好坏，我们可以通过情绪洞悉自己的内心。

前段时间我一度陷入焦虑不能自拔，让我常常不明原因地发脾气，一件很小的事情也会让我大动肝火，甚至感觉心慌气短、头昏脑涨。我曾到医院做了心电图检查、脑部核磁共振，检查结果显示一切正常。那我的这些症状到底是怎么回事？我开始留意，每当我心情不佳、生气上火时，这些症状就会出现。而且生气程度不同，疼痛也会不同。原来这一切都是焦虑所引发的躯体症状。

那我是为什么而焦虑呢？今年，我班有行为偏差的孩子数量与往年相比更多：硕管不了自己，从一年级开始便有家长陪读；俊时不时不知什么原因就生气，不参加任何集体活动，甚至连放学都不坐校车回家；晨喜欢攻击他人；杰时常去探索陌生领域，而不回教室……面对这些调皮捣蛋、行为异于常人的孩子，我的心情变得焦虑不安，希望能够早些解决这些问题。而着急导致我方法不当，孩子们的问题越来越严重，我就为此发脾气，并导致身体出现了症状。焦虑已经严重影响到我的工作、生活，甚至身体健康。

万事皆有因。我的焦虑看似是由学生引发的，其实是我自己造成的。我担心班上孩子考不好，自己的面子会过不去，担心得不到家长的认可，担心受到领导的批评……这些才是我内心真正的想法。放下我内心所谓的追求，再来看班上孩子们的行为，他们无非就是有时情绪不好，不能长时间做一件事情，不愿意生活在条条框框里……人无完人，我们要接纳孩子暂时的不完美，接纳自己的现状。当我尝试放下内心的执着，我的那些所谓心慌气短、头昏脑涨的症状都消失得无影无踪了。与自己的内心对话，了解内心深处的想法，才不会被外界因素迷惑，才不会迷失方向。

二、通过沙具看秘密，疗愈内在

人物、动物模型，各种各样新奇的玩具，花草树木模型，再加上一些沙，就可以摆出不同的造型，由此，我们得以洞悉自己的内心，从而达到疗愈的功效。

我没有真正学过沙盘治疗，只是听一位朋友聊起，他认为每次摆沙盘都是一次对内心的疗愈。于是，我在自己困惑不解、心情不佳时，就会走进沙盘室，来一次沙盘疗愈。记得有一次我摆沙盘，摆出的人都是看向过去，我意识到自己对于一些过去的事情总是耿耿于怀。当第二次摆沙盘，我刻意不去想过去，只想自己的未来如何美好。沙盘摆好后，我发现代表过去的那部分位置，没有一个物件。我大喜，以为自己将过去彻底忘记，但我那位朋友的一句话点醒了我："刻意不想过去，说明过去的事情正在影响着你；只有接纳了过去的一切，未来才能够更好。"是呀，我在刻意忘记什么？忘记童年发生的那些不愉快的事情，忘记自己工作上的烦恼，忘记在母亲离世时没见到最后一面……这些事情真实发生过，又怎能说忘记就忘记呢？另一位老师说过的一句话让我顿悟："让所有的事情流经我的身体，但不会成为阻碍我成长的卡点。"是呀，所有经过的事情对于我来说都是一份宝贵的经验，让我明白了很多道理。我总喜欢将事情放在心里，时间久了，它们就像一块块大石头堵在我的心口，让我呼吸不畅。如今，我要搬走这些大石头，让自己从内而外地变轻松。

沙盘疗愈只是心理疗愈的一种，它可以通过人物的一个眼神、所摆物件所在的位置来解析自己的内心世界。人内心真正的想法只有不断探索才能有所了解，我正走在不断了解自己内心想法的路上。

三、透过他人看自己，获得成长

幸福的人都是相似的，不幸的人却各有各的不幸。这句话同样适用于心理。一个人的伤心、焦虑、愤怒等情绪是多种多样的，但我们可以通过他人不同的内心来警醒自己。

一日，一位同事情绪很糟糕，我与其聊天疏导。这位同事的心情不佳源自夫妻不和。在沟通疏导的过程中，我开始反思自己是否也有类似的抱怨，反思自己是否也有类似的不理解自己另一半的问题。事实上，我对自己丈夫的抱怨似乎很多。我常常埋怨他不帮忙带孩子、不理解我的工作，我更埋怨他不如别人的丈夫浪漫……总之，抱怨的事情五花八门，从来没有觉得他的优点也是非常多的。想想当初谈恋爱，就是觉得不抽烟、不喝酒的他非常好，更是被他在冬天为我系上围巾而感动不已。结婚后，柴米油盐似乎占据了整个生活，我再也没有为他做过的事情而感动。想想他下班回家拖地，想想他给我买的衣服，想想他给女儿梳头……哪一件事不是平常小事，哪一件事情不值得我感动？我们常说结了婚，男人都变了，变得不体贴，变得懒惰。其实，他还是那个男人，变的应该是我们看待问题时挑剔的心，变的应该是我们认为他无论做什么都理所当然的心，变的应该是我们那颗想让所有优点都集中在他身上的心。如果我们的内心不曾变，那一切都还是好的。

通过与内心对话，我还发现自己是一个非常渴望亲情、友情的人。曾经的我在生活中也好，在工作中也罢，总是为了别人而委屈自己。但即使这样，我与朋友的关系也并没有得到改善。其实，我所给予他们的并不是他们所需要的，我的这种给予注定不被他们认可。我要做回我自己，不要因他人而过度委屈自己。从那时开始，我尝试着与自己的内心对话，尝试拒绝那些让我内心感觉不舒服的事。

与自己的内心对话是非常奇妙的，可以通过行为、语言去洞悉内心真正的想法。内心的想法与外显的行为有时并不一致。当我们了解自己内心的真实想法后，我们就能做一个内外一致的人，就可以快乐地生活和工作。

（原文发表于《今日教育》2021 年第 9 期）

擦亮师心

庞丽虹

一直以来，人们都喜欢用春蚕、蜡烛等来比喻教师的无私奉献，这些崇高的赞誉背后却恰恰掩盖了教师作为普通人的身份。教育不是万能的，教师也非圣人。在越来越大的工作压力下，教师已经不堪重负，越来越多的心理健康问题开始出现在教师群体中，为我们敲响了警钟。教师的心理问题会影响学生的心理健康，教师的不良情绪也很容易传递给学生。因此，教师的心理问题必须予以高度重视，解决教师的心理问题刻不容缓。

一、焦虑倾向：隐含功利之心

如今，学生的成绩仍旧是衡量教师教学能力的重要指标。我还记得刚入职时，校长对我们青年教师说的一句话：不管白猫黑猫，只要抓到老鼠就是好猫。这个"老鼠"指的就是学生的成绩。不管使用什么样的方法，只要能让学生考出好成绩，就是好方法，就说明教师素质高、教学能力强。教师把自己的一切希望都倾注到了学生身上，希望借助学生的成绩来彰显自己的成就；而当事与愿违的时候，教师就会产生极大的心理落差，导致焦虑、抑郁等心理问题。有些教师每次在学生大考之前都会紧张得寝食难安。明明是学生考试，教师却如此紧张焦虑，可见教师的心理已经呈现亚健康的状态。教师有这样一种状态又怎么能教育好学生呢？如果教师没有健全的身心，就难以培养出身心健康的学生。

曾经我也一直被学生的分数捆绑，在期末考试之前的几天，每天晚上都睡不着，直到考试结束。明明感觉自己没有过度忧虑，但是做的梦映射出了自己的担忧。正如王维审老师说的那样，当一个人把一件事情当成生命的全部，并极力想要获得这一领域的成就感时，这件事情就会成为遏制其精神和生命自由的工具。如果教师对学生的爱夹杂着功利心，那么教育将无法摆脱狭隘、偏激，教师也难以走进学生的内心，更无法让自己享受到教师职业的幸福。

教师不应当把精力和追求全部押在一件事情上，要敢于开辟新的领域，在教书育人之外，要有一项自己的兴趣爱好和追求，让自己的情绪有一个缓冲地带。如此，即使被生活的琐事堵塞了内心，仍旧可以在另一隅安放自己的焦虑和不安。

二、问题堆积：滋生情绪垃圾

社会对教师的高期待、高标准、严要求，学校的各项评比，家校合作关系的建立和调节，教师职称的评定，以及各种表格的填写等等，挤占了教师太多的自由发展的空间，也让想要安心于教学的教师的内心挤占了太多与教育无关的杂事，乃至情绪垃圾堵塞了教师的精神成长之路，这成了教师心理问题产生的根源。

清除情绪垃圾，有时候仅仅是倾诉就够了，就像是为自己的情绪找到一个可以安放的树洞。心理学家罗杰斯也告诉我们，当你处于心理压力状态时，有人真正倾听了你，并没有附带任何评价，没有尝试分散你的责任，也没有想改造你，这种感觉再好不过。

我非常庆幸自己身边有一位耐心且认真的倾听者，那便是我的哥哥。即便有着 11 岁的年龄差，也丝毫不影响我们之间的交流沟通。学校里的新鲜事、我遇到的麻烦，甚至是我的某些稀奇古怪的想法，都是我和哥哥之间交流的话题。我们之间的话匣子一旦打开，天南海北的知识如潮水般席卷而来，一浪接一浪地冲击着我们的心田，总是让我们感觉酣畅淋漓。而我的烦恼也常常在向哥哥的倾诉中烟消云散。就像罗杰斯在倾听一位聪慧母亲的倾诉中自然地帮助她改善了夫妻关系，使她变得自由和真诚，进而使她儿子的问题也消失了。这一次，罗杰斯不是站在治疗师的角度去分析评判、提供建议，而是作为一个朋友去倾听、化解她的困境。在我眼中，哥哥正是那样一位有心的朋友，不做任何是非曲直的评判，就轻松拂去了我一身的疲惫。

教师的倾诉就像小孩子在他的老师面前"打小报告"，允许他们一些无疾而终的分享，这何尝不是一种帮助教师倾倒情绪垃圾的方式？人很容易产生孤独的感觉，而有些是有益的，有些却像牢笼一样把人困住。如果这时候有人愿意聆听你的内心，也许就能够帮助你逃出牢笼。

三、迷失自我：丛生的杂草

我们常常说，教师的一切是为了学生，却很少有人说教师工作是为了教师自己，是为了自己的事业。哪怕是教师的成长，大多数人也会觉得是为了更好地服务于教学。那么对于教师自身来说，教师自己的成长应该安放在哪里呢？

教学是一项很枯燥、很难有获得感的工作。一些教师在工作了一段时间之后，往往会在教育的浪潮中随波逐流，得过且过。看似充实的教学生活，其实早已杂草丛生，荒芜了心灵之田。在工作中，教师难免有挫败感，教师自我成长的内在动力如果不能被唤醒，教师的专业发展之路又该何去何从呢？面对这样的现实，苏霍姆林斯基曾说，如果你想让教师的劳动能够给教师带来乐趣，使天天上课不至于变成一种单调乏味的义务，那你就应当引导每一位教师走上教育科研这条幸福的道路。这也许正是清除教师内心杂草的妙计，那就是在这片贫瘠的土壤中种满科研的庄稼。

对于自己成长的规划必不可少，教育叙事的撰写、课题研究项目的开展、科研主题的深入探究等，都是教师自我成长的尝试。当我们在教育科研的路上走下去，就会忘却烦恼和功利，沉浸在充满趣味的探索中，不能自拔。教育的琐事也可以成为一种资源，成为我们成长的垫脚石。如果我们有勇气将身上的土和砂石变成垫高自己事业的工具，那么那些烦恼也会随之消失，我们的站位也会随之提高，看到的风景也会更加美妙。当我们把教育中令自己迷失的问题变成一种有效的资源，就是在闲散的时光里播撒下成长的种子，茂盛的庄稼将会挤走丛生的杂草。

所谓"不在其位，不谋其政"，如果没有从事教师这一职业，就很难对教师的忙碌和辛苦感同身受。教师的心理健康问题，不仅需要教师进行自我疏导，还应得到学校乃至全社会的重视。只有为教师群体提供可排解不良情绪的渠道或方案，才能让教师群体的心理真正走上一条向阳而行的路。

（原文发表于《教师博览》2021 年第 5 期）

用青春底色凝聚教育正能量

李竺姿

"李老师，你们不用整理材料吗？我在学校加班，却看到朋友圈里的你在练瑜伽！""李老师，你们村小怎么和我们不一样，还能在学校种地？你们没有少先队活动要忙吗？"……手机里时不时就会传来莹莹老师发来的各种疑问。

我和莹莹未曾见过，甚至不在同一个城市，但我们都属于同一个阅读团体。曾经，我在团体内部"每月共读一本书"的活动中担任主讲，也由此认识了许多年轻教师。我本以为年轻的他们朝气蓬勃，但接触之后才发现许多年轻教师竟比老教师还要苦恼，不仅为班级里的各种琐事忙得焦头烂额，还要在学校的改革浪潮里"翻来滚去"，天天如此，疲惫不堪。许多年轻教师甚至开始为此失眠、脱发。

我虽然从事基础教育仅十一年，但和孩子们在一起的每一年我都感受到了教育的幸福，孩子们也十分快乐。我想分享两个寻找幸福的小窍门，供年轻教师参考。

调整心态，在适应中逐步成长

十一年前，我和许多刚毕业的同人一起接受培训，等待踏上新的工作岗位，开启人生的全新旅程。负责新教师培训的领导和我们说了很多话，有一句我记在了心里——年轻人，多吃点儿苦是正常的，多干点儿活也是正常的，这就是历练。带着这句话，我来到了学校。

那时，由于离家较远，年轻教师都要住校，我被分配住到行政区。又因为宿舍和办公室离得很近，所以打扫校长室和洗手间的任务分给了我。

我家在农村，家中大多是水泥地，每天只清扫一下就好。因此，面对校长室内锃亮的木地板和许多绿植，我一时不知从何处下手，打扫卫生对于我而言也变成了一项高难度的挑战。

最初我只知道扫地、拖地，后来在同事的点拨下，我才明白清扫办公室应该从擦拭窗台开始，然后再整理桌面物品，最后才是扫地、拖地。

尽管每天忙忙碌碌，但我的内心却充满快乐。因为我已告别刚毕业时的懵懂，学会了备课、上课，每天还能面对一群快乐的孩子。我在行政区也因勤奋而受到许多前辈的赞赏，他们空闲时会教我如何写材料、整理档案、设计学生活动，这些学习经历都成为我日后班级建设的坚强基石。

每每解锁一项新的技能，都会让我感叹年轻真好、学习真好，因为我可以实实在在地体会到自我成长的快乐。慢慢地，领导也注意到了我，开始让我担任团支部书记、少先队总辅导员。我和许多老师一起创建市里第一所国家级乡村少年宫。那段时间我全身心扑在研究少年宫的活动上，开馆之后，我们陆续接待了来自全省六千人余次的参观。直至现在，回忆起那段日子的忙碌与辉煌，我依旧觉得青春值得！

其实，年轻人刚开始工作，难免会手忙脚乱，接连碰壁之后也会心灰意冷。但请努力回忆一下成长之路，只要有所收获，便是人生值得。

年轻的教师们啊，要努力学会调整心态，不要让消极情绪在体内堆积；要用良好的状态面对一天的工作，将每一次接受新鲜事物的经历都当作一次自我能力的革新之旅，学会在不断磨炼中提升自我抗压能力。你会发现，你的每一次历练、每一次成长，都会在日后的教学中发挥它们的价值。

拆分整合，在思考中稳步提升

后来，老校长退休，我选择辞去职务，去小学担任班主任，去接触不一样的教育环境。我是学美术出身，但到小学之后需要转教数学，每每回忆起那段日子，我都会感慨——人的潜力是无穷的。

第一次做班主任时，我已经接近三十岁，但在业务上还是一只"菜鸟"。得益于我心态一直比较"扛打"，所以面对高强度的工作，我更多的是兴奋。

莹莹老师口中忙碌的"加班""活动"等，我其实都经历过，在不断摸索后，我得出了克服琐事的秘诀——把教室还给学生，做好时间管理。

为了更好地增加学生的教室体验感，我利用之前打扫办公室时学会的技能，将教室划分为若干个区，如黑板区、窗台区、桌箱区、地面区、图书区、走廊区以及卫生死角区等，每个区域都由学生竞争上岗，每月评选岗位优秀者。如此一来，全班同学都有了自己专属的卫生区域，在全员参与的过程中，班级凝聚力不断上升。如法炮制，很多学校活动都由学生自主组织参与，也都取得了很好的成绩。当然，其中有秘诀——在学生们最初上岗的一个月时间内，教师们一定要"靠"上去，逐步引导他们。等到学生们的习惯养成了，教师们就可以轻松一整年。

当教室内部可以自主运作后，我便有了空闲，这时做好时间管理尤为重要。批改作业可以趁早晨学生到校的间隙完成，还可以利用上课时间讲授并批改，或趁学生第一节课后休息的时间快速批阅。这样，第二节课之后的空课、课间、午休时间就可以被利用起来，或是备课，或是写各种笔记，或是整理档案……

我每天将午休时间一分为二，前面是边看孩子们睡觉，边看书充实自我，后面等孩子们睡着了，我也会休息一下。如果一天的工作都很顺利，活动课时间我会将孩子们都带出去，或是参加田间劳作，或是玩室外游戏，放松身心的同时也加深了孩子们对校园的喜爱。

　　偶遇加班，我会尽量在学校完成工作后再回家。将生活和工作分开，是我多年坚持的原则，这也是可以提升教师幸福指数的一个秘诀。有的老师可能会问：如果晚上有家长要和我们聊天呢？我从来没有将这种事情归为工作，而是视为好友聊天，只不过聊天的内容是孩子。

　　许多年轻教师会觉得时间紧张，还有一部分原因是没有做好日常规划。每天晚上，我们可以将自己第二天要做的事情进行简单分类，并且预留出大约半小时的时间，以应对学校的突发事件，倘若没有突发事件，便可以用来规划第二天的日程。如此一来，便会形成良性循环。

　　回首过去，我深深觉得年轻人身上的青春气息是制胜的不二法宝。真心期待能有越来越多的青春正能量加入教师队伍，为教育注入新时代的血液。加油，年轻人！

　　　　　　　　　　（原文发表于《威海教育》2022 年第 5 期）

心之所向 行之所往

车 英

美国学者索罗门教授曾经说过："在个体人格发展方面，教师的影响仅次于父母。"教师是一份承载着重大责任与使命的特殊职业。作为教师，我们虽不是在种地误地，却总是战战兢兢，如履薄冰，为什么呢？因为我们生怕误人子弟。一个班级几十名学生，他们的知识要我们教授，他们的意志品质要我们塑造，他们的安危要我们负责，作为一名负责任的教师，职责不可谓不大。而过大的工作压力、日益加剧的职业竞争、人际关系冲突、调皮学生的捣乱等烦恼会像"肉中刺"一样挥之不去，日积月累，就有可能给教师的心理健康埋下随时可能爆炸的"隐形炸弹"！

我们说，苦和乐是相对的，都是对生活的一种感受，快乐不快乐全在于你自己看事物有没有正确合理的思维方式。在二十几年的教育生涯中，我渐渐明白，心性修炼与教育智慧密切相关。在陪伴孩子们成长的日子里，我逐渐学会了苦中作乐。年少时只做了最基本的小"经师"，现在我想学着做一个对孩子有终身影响的"人师"，带着智慧去做"真"老师指导特殊孩子主动实践、自主探索，通过各种不同的方式，培养他们的生活能力，教会他们做人的道理。

修炼"随喜心"——不忧不惧

"随喜"这个词多见于佛学经典。

三伏天，禅院的草地枯黄了一大片。"师父，草地没草了好难看哪！我们什么时候撒点儿草籽吧？"小和尚向师父建议。师父挥了挥手说："随时！"有一天，师父上街买了一包草籽回来，吩咐小和尚去禅院的草地播种。播种的时候秋风乍起，草籽边撒边飘，小和尚着急了："师父，不好了，好多种子被风吹飞了！""没关系，吹走的多半是空的，撒下去也发不了芽。"师父说："随性！"刚撒完种子，跟着就飞来几只小鸟在草地上开始啄食。小和尚急得跳脚，赶紧跑去报告师父："不得了了，种子被小鸟吃了！""没关系，小鸟饿了就让它们吃吧，不过，小鸟消化不了种子，种子只要落地，在别处也一样可以发芽。"师父说："随处！"半夜一阵骤雨，小和尚早晨冲进禅房："师父，这下真完了！好多草籽被雨冲走了！""冲到哪儿，就在哪儿发芽！"师父说："随缘！"一个星期过去了，原本光秃秃的庭院，居然长出许多青翠的嫩草苗，一些原来没播种的角落，也泛出了绿意。小和尚高兴得直拍手。师父点了点头说了两个字："随喜！"

读完这个故事，是不是感觉到和我们的教学生活那么相近：每天"随时"有学生问题等着我们去处理；"随处"有需要我们亲自动手完成的教育工作；虽然我们的班额不小，但依旧要记得因材施教，处处给孩子们"随性"教育；送走了一届又一届的学生，又迎来一批又一批新学生，我们的师生情分就"随缘"开始了；不经意间突然看到、听到学生后来取得的优异成绩，就那么真切地感受到"随喜"的快乐！突然非常高兴，原来我现在正在修炼自己的"随喜心"！

是啊，就让我们从"随"字开始吧！"随"，不是随便，是把握机缘，遵从自然之法则、发展之规律，不抱怨、不急躁、不强求、不悲观、不刻板、不慌乱、不忘形、不猜忌，给孩子们长大的时间和空间，允许他们犯错，学会等待。这样一想，我便不再为孩子们的顽皮而伤心，而是将其看成我与家长、孩子亲密接触的好时机；不再为孩子们的不认真学习而上火，而是将其看成自己的课堂不新颖、缺乏创意的改进建议。二十年前的教学很棒，但不一定适合现在的孩子。我也不再为孩子们的早恋而焦躁不安，反而知道他们处于青春的萌动期，这是他们为我设定的教育智慧考题，我的答案完美与否，取决于自己在事件处理上是否巧妙且有智慧。而我，乐于接受挑战。这样想来，还真是"随喜"呀！

修炼"空杯心态"——常换常新

心理学中有种心态叫"空杯心态"。何谓"空杯心态"？古时候一个佛学造诣很深的人听说某个寺庙里有位德高望重的老禅师，便去拜访。老禅师的徒弟接待他时，他的态度十分傲慢，心想：我是个佛学造诣很深的人，你算老几？后来老禅师十分恭敬地接待了他，并为他沏茶。可在倒水时，明明杯子已经满了，老禅师还不停地倒。他不解地问："大师，为什么杯子已经满了，还要往里倒？"大师说：

"是啊，既然已经满了，干吗还倒呢？"禅师的意思是：既然你已经很有学问了，干吗还要到我这里求教？这就是"空杯心态"的起源。

因此，做事的前提是要先有好的心态。如果想学到更多学问，先要把自己想象成"一个空着的杯子"。"空杯心态"并不是一味地否定过去，而是要怀着一种放空过去的态度，去融入新的环境，积极面对新的工作、新的事物。

二十年前，我因工作的关系来到陌生的环境——特殊教育学校。一切都是新起点，需要学习以前不熟悉的东西，我很迷茫，很焦虑，很无助。可当自己带着欣赏的态度去接触新伙伴，带着热情去获取新知识，带着同理心去体验特殊孩子们的感受时，突然发现原先的经验与积累也可以运用到新的工作中，学会运用与融合也是一种智慧。

于是我尝试着每天在完成自己工作的同时，也忙着帮助别人，忙着收获新的信任与友谊，做了很多与自己的分管工作不相干的事情，但我从没感到烦躁与厌恶，因为在做这些的同时，自己的"心杯"又开始慢慢积累、沉淀。与同事一块工作时，内心特别充实，也不自觉地清理了原先心中积攒多年的情绪垃圾。这告诉我，如果能够定期给自己复位归零，清除心灵的污染，就能更好地享受工作与生活。学会忘，也学会记！这是我对修炼"空杯心"的一点想法，忘一些，记一些，让自己的"心杯"常换常新，不断有新鲜的东西注入。忘记需要选择，有些人、有些事在一生中都是无法忘怀的，也不该忘怀。牢记别人对自己的帮助，记住美好，记住感动，把对帮助过我们的人的感激之情用真心表达出来的时候，就会觉得生活是如此美好。我们做老师的记住孩子们的优秀，记住孩子们的成长收获，记住孩子们对我们的感恩，这样就足够了；让孩子惹我们生气的情景，家长不理解我们付出的情景，都随着时间的流逝而被淡忘。虽然别人觉得我不富裕，但我却觉得自己一点儿也不贫穷，因为我充满着感激、希望与追求！

做"真"老师是我永远朴素的追求！尝试新的教育过程不仅让我懂得了许多教育理论，也让我在汲取新知识的路上品尝到了教育的另一番滋味，真实、自然，值得回味。虽然梦想很平凡，可同样会有沁人心脾的芬芳！

（原文发表于《教师博览》2021 年第 5 期）

扎根农村　抱团取暖　共同成长

李竺姿

很早以前就有同事问我："小李，你准备什么时候离开这所学校？"我不解地问："干得好好的，为什么要走？""你没听说过吗？铁打的营盘，流水的兵。这里是农村学校，没有年轻人会在这里久留的。"

一晃十二年过去了，我依旧在这所学校。曾经这样问我的老师早已退休，而我经历过迷茫、挫折后，最终找到了一种抱团取暖的成长方式。一切都有了新的转变，我的人生也有了新的方向。

屡战屡败，难寻成长方向

伴随着学期结束，我也结束了自己教育生涯中"一无所获"的九年，与比赛无缘，与评优无缘，职称晋级更是遥遥无期。

市教育局组织的优质课比赛，我们学校老师从积极备战到全军覆没，再到无人问津、安心"躺平"，似乎大家都在一种病态的安逸中混沌度日。每天朝七晚五，配合晚上的批作业、备课，似乎一眼就看得到自己退休的样子。

我突然想到，之前有老师跟我说："考走吧，年轻人好多都走了。"我数了数，最初跟我们一起来的老师，大多都去了离城镇近一些的地方，但我和其他几位老师，由于不想再去适应新环境，便留了下来。

最初来到这所小学时，我听到老师说得最多的就是"糊弄糊弄，差不多得了"。但是糊弄的结果是，就算市教育局的职称名额分到我们学校，老师手中也没有相应的材料能够前去"应战"。所有的比赛我们都全力以赴，却屡战屡败，但从来没有人思考过我们为什么会失败。似乎没有人会反思，大家只是盯着分数，感叹自己那么努力，却始终得不到自己想要的结果。

转机来源于一次市里组织的班主任培训，学校将这个宝贵的名额给了我，让我有了走出去学习的机会。在培训的过程中，我见识到了来自天南海北的名师，从他们的叙述中，我发现教育原来还可以那么精彩，教师原来不仅仅是教书。也正是因为这次培训，我对教书育人有了更深刻的认识。

在跨入教育行业后的第十年，我开始有了不一样的想法，开始试着找寻教育中的不确定因素，开始试着和孩子们共同探寻成长的乐趣。

孤军突围，喜获成长动力

学习归来，我利用暑假所剩不多的时间，将自己心中对于教育的规划付诸实践。买书架、买书、买坐垫、买花草、买奖品、买奖状……那段时间我几乎天天都在收快递，尽管忙碌，但我能感受到我的心中似乎有一颗种子即将破土而出。

开学后，我将教室布置得像家一样温馨。可这样的布置并没有得到大家的肯定，甚至有人说，老师自费买奖品是助长功利主义思想，会让学生变得功利。但孩子们却很开心，和之前完全不一样的教室氛围、充满乐趣的激励评价……所有的新奇事物都让这群农村娃快乐不已。被孩子们的快乐感染，我也有了坚持下去的理由。

后来，市教育局带我们暑期培训的领导发现我在教室里的"一番折腾"，"空降"我的教室，也打开了我的成长窗。在沟通的过程中，我也得出了我们长时间停滞不前的原因是"不会进行教学反思，也不看教育书籍"。缺乏理论支撑，何来成长支点？原来，发力之时便出了错，所以这么多年大家才碌碌无为。

在大家都还在"沉睡"的时候，我走上了自己的教育革新之路。我每天坚持写读书笔记，每月坚持读一到两本教育书籍，带领学生探索劳动、心理、综合实践等学科，在不同类别的学科活动中感受别样的成长乐趣。

我不断汲取着成长的能量，也让自己的教育之路更加清晰。我开始试着总结自己的教育小窍门，将这些教育经历变成文字，发表在各类期刊上。《中国教师报·班主任周刊》的记者也特地从北京来到了我们这儿，对我进行专访。我也将课堂中出现的教育问题进行提炼、研究，开发相关课程，并屡次获奖。

两年时间，我几乎变了个人。我对自己的成长速度感到十分惊喜，这样的成长态势也吸引了一些青年教师对我的关注。从最初的二人成团，到现在的多人同行，我们似乎开辟了属于农村教师的新的成长之路。

众人拾柴，破解成长难题

2021年9月，我们五个三四十岁的女老师组成了一个"散装"的成长团队，取名"星火"，寓意"聚是一团火，散作满天星"。

在经过一段时间读书、写作的积累后，我们将目光锁定在市局的各项比赛上。面对以前的数次失败，我们认真分析，寻找原因，积极整改。最后，大家确定了"抱团"的发展思路。集众姐妹的智慧，寻求成长突破。

第一次试水，我们选择了"荣成优质课"。我们提前三个月开始准备，利用寒假时间讨论课程思路。最终，四人"应战"，得到三张证书，刷新了我们学校优质课比赛的纪录。尝到了成长的甜头后，我们开始活跃在各种比赛中，大家将协作的默契运用到带学生参加征文比赛中，不仅学生一举拿下威海市征文比赛一等奖，老师也获得了优秀指导教师奖。在以前，这绝对是大家想都不敢想的殊荣。

由于之前的屡战屡败，很多老师对于各类比赛不屑一顾，这也给了我们极大的挑战。短短一年时间，我们竟然凑齐了所有评职称的必备证书。最终，次年11月，我们团队三人顺利获评中小学一级教师，还打破了学校晋级教师的人数纪录。

我们并没有沉迷于欢欣雀跃，而是开始积极思考成长的新方向。

我们将目光放到了许多选择"躺平"的老教师身上。在深入沟通后，我们发现这些教师绝非没有上进心，他们只是长时间不得要领，才无奈放弃。

我们的成长，也让他们看到了希望。我和几个姐妹开始从阅读、备课、教学等方面向老教师们介绍最新的教育策略，从新的视角解读抱团成长的力量，越来越多的人选择相互帮助。

今年，我们将目光锁定在较难的优质课比赛上，只派两人参赛，力争质量第一。最终结果是一节获评荣成优质课，一节获评威海优质课。而在威海优质课比赛中，只有我们一所农村小学的老师进入决赛。面对更精细化的备课过程，所有姐妹斗志满满，大家争相做着自己力所能及的事情。越来越多的老师加入互助成长的队伍中，至此，大家都有了共同的方向。

许多人说，教师很幸福，有很多假期；但许多教师却说，很多时候，大家只是把这当成一份养家糊口的工作。我想说，我们面对的是一群正在成长的孩子，只有教师优秀了，只有教师在不断成长，才能带给孩子更多的养分。教师要想教会学生适应未来的能力，就必须学会抱团成长，以团结协作赢得更多通向绚烂未来的无限可能。因为，只有内心充满幸福感、正能量的教师，才能带出幸福的、充满正能量的学生。

（原文发表于《教师博览》2023 年第 2 期）

教师权威角色的解构与重构

张 鹏

韩愈有言："师者，所以传道受业解惑也。"在这种认知中，教师是传、受、解的行为发出者，而行为接受者则是学生，这背后隐藏着教师权威观念。这种教师权威观念带来的恰是道德训诫、行为管理、知识占有等统治型教育实践，也带来了我国尊师重教的优良传统；但这种"尊"与"重"中，是否含有屈从和不平等的成分？新时代语境下的教师权威观念与角色是否适应核心素养的培育？这些都需要我们对教师角色进行解构与重识。

在传统社会中，文化资源占有和分配不均衡，代际划分明显，德高望重的老师因饱读诗书、修身进德而使学生崇拜、服从。但这只是一种理想状态，因为我们并不能保证所有老师都能登上道德与学术的绝对高地，而这种教师的权威角色扩散开来，可能会磨灭很多学生的天性，损伤学生自主自发的特长发展。

学生并不是没有独立思想和自主行动力的机器或动物，一种内外协动的民主观念和要求正在冲击着教师的权威角色，这在学校的德育实践与课堂教学中表现得尤为明显。

现在的学生对自我道德观念的认同与执着水平更高，似乎都有属于自己的一套"理论"，很难接受教师自居道德高地的训诫与教导，也对教师自我的道德自律和行为示范提出要求，他们内心常有独白："你能做到吗？你还说我。"学生更倾向于沉浸式的道德活动和行为体验后的真实感触，譬如亲手扶起摔倒的老人后得到赞美与鼓励的幸福体验。面对当前学生越来越强烈的道德自觉，教师扮演道德权威角色很可能会力不从心，但教师不能退居自守，无所作为，而应该构建新的教师角色，即师生道德进阶的协行者、互助者。在这种携手互助关系中，教师主动作为，创造道德环境与教育契机，引领学生成长，使之成为道德完善的自觉者和自修者。这样，教师不再是高高在上的管理者，而是问题解决的指导者，变班级管理为班级治理。

在信息时代，众多学习资源和渠道遍布网络，学生完全可以借助网络学习学科内容。教师备课上网搜索的信息资源，学生也可以搜集到。那么，教师还是知识的绝对占有者吗？当前，新课标强调培育学科核心素养，任务驱动、情境创设、项目教学、自主合作探究式课堂正是核心素养真正落实的思考与实践。而作为传统知识权威角色的教师所进行的课堂讲解在帮助学生习得学科核心素养方面已显示出缺陷和短板。课堂本是一个多声调的相互学习场，课堂预设与生成在任何一个方面都可能影响到学生，因此，学生在课堂上的学习契机、学习所得并不仅仅来自教师，也来自其他同学。故而日本学者佐藤学一直倡导相互倾听的课堂生态，因为只有实现了倾听，深度对话与思考才成为可能，这种民主课堂文化取向挑战的正是教师单向度言说、学生单向度倾听的权威角色。

面对学生向知识与课堂发出的挑战，教师更需要构建新的角色。一方面，学生可以借助网络获得学习资源，但面对铺天盖地的学习资源，如何去粗取精、择优学习，按顺序与结构加工学习内容，学生还存在很多问题。对此，教师便可以过来人的身份，指导学生搜集、整理、加工学习内容，锻炼学生的媒介素养和自主学习能力。另一方面，面对课堂教学新挑战，教师应转变教学理念，变知识的直接传授为顺应学习规律的探究性学习。学生在课堂上就像科学探险队员一样，探寻奥秘，整合知识，内化素养。教师已成为平等对话中的首席，激发学生思考与表达的欲望，让课堂生成在对话、倾听、思辨中恣意迸发。由此，教师在学生与知识、学生与素养、学生与学生、学生与教师的多重学习关系中重构出科学编织者的新角色。

无论是民主呼声的高涨还是学生道德学习对传统教师道德训诫的挑战，无论是学生学习方式的转变还是学生特长多样化所带来的对教师水平的更高要求，都在消解着教师的权威性。但是这种消解并不代表对教师的人格意义的抹杀，相反，其带来的是教师新"权威"身份的再造。当然，这种新"权威"并非传统伦理意义上的权威，而是为学生道德自律、学识增长、人格完善负责，并能适时指导、以身示范的引领性"权威"。实际上，这样的教师在学生面前呈现的不再是类似于"我是什么？你们应该是什么？"这样的指令与要求。他呈现的是"我应该是什么？我们应该是什么？我们如何成为什么？"的求思、展望与行动。用一种发自内心深处的愿景唤醒学生，用智慧思索与坚定行动启迪学生，因其教师价值观对师生人格平等的笃定，因其教师职业自律对以生为本的坚守，赢得学生的认可，这赋予了教师权威角色新的内涵，这样的教师才能成为叶澜教授所说的那种教师——"教师在学生面前展现的不只是'专业'，而是其全部的人格"。

人格平等、以生为本的价值坚守，道德完善的以身示范，学习媒介与方式的指导等教师职能所重构的教师"权威"角色，对教师提出了要求，那就是教师必须成为一个终身学习者。这种终身学习实际上是自始至终的自我解构与重建，时刻的反思与更新。这种终身学习可从三个层面展开，哲学层面的研究人（学生）、群体（班级）和社会关系，技术层面的研究课堂活动设计、班级活动设计与学生活动产品，实践层面的对学科教学、班级治理等诸多微观个案的剖析与解释。当然，这肯定也是不全面的，因为教师面对的日常是复杂而充满变化的，每位教师对自身的角色认知中都应有打破并重建的勇气和持续学习的毅力，这也是在不断为重构的新教师"权威"角色的合理性做注解。否则，没有终身学习，教师"权威"的自足性岂不是无源之水、无本之木？

学校教育没有终点，教师的角色行为所带来的意义也没有终点。教育是学生终身可持续发展的基础，每个学生在离开学校后的人生轨迹都是我们教育故事的续写，关键是在连续不断的续写中，教师回望自身角色，去发现"原来，我做得还不够好，我离理想的教师

'权威'还有很大的距离"的遗憾和努力方向。于是乎，教师"权威"角色解构与重构的持续升级必然指向教师所需要具备的终身学习和终身修炼的品质。

（原文发表于《教师博览》2022 年第 5 期）

与时俱进　找准定位

韩艳颖

随着时代的发展，传统的教师角色已经不能适应新形势、新环境、新任务的要求。教师应与时俱进，在继承师者优秀传统的基础上，不断发展自己的能力，顺利实现角色的转换。

一、从"权威者"向"知心人"的转变

帮助学生形成良好的学习和行为习惯，是教师义不容辞的责任。在关注学生言行的同时，教师自身也要经常反思：自己的言行是否沿袭了"师尊生卑"的陋习，压抑了孩子的天性，造成师生关系的恶化？

课堂上，极少认真听讲的小宇突然无缘无故地笑出了声音，我正想批评他，就听到其身后班长的怒斥之声："赶紧闭嘴，就你学习那水平，上课还有资格笑？"我不禁一怔，一向彬彬有礼的班长今天所说的话为何如此"刺耳"？再看向小宇，他早已收敛了笑意，怒视着班长，一副气愤的模样，想他一节课下来，必定所学寥寥。

课间，我找到了班长，劝他注意对待同学的言辞。班长觉得很

委屈："老师，您上次不也是这么批评不守纪律的同学吗？我这是跟您学的呀！"班长的话让我陷入深思：不知不觉间，我对违反纪律的学生言语竟如此刻薄！很多时候，当看到顽皮孩子打架骂人、不守纪律时，我会控制不住自己的情绪，不加思考地对他们劈头盖脸地数落一顿，并未与其进行平等的交流。

想要引导孩子们养成正确的道德观念，我自己却总是高高在上。难怪我每次与学生谈心时，他们都只是低头不语，等到我夹枪带棒地讲完一堆大道理后，他们再敷衍应和，之后依旧我行我素。我的权威不但没有让他们意识到自己的错误，反而弄巧成拙，让他们更加叛逆。

反思之后，我再一次召集了"淘气包们"，诚挚地向他们道歉："老师以前做得不好，对你们的批评言过其实。以后我们相互监督，一起努力，谁先言行不当，谁就受罚，怎么样？"言简意赅地说完，我看到了他们朝我坚定地点头，眼里闪烁着光芒，我们之间的隔阂也很快消失。

在我的不断鼓励下，他们举起小手时的神情从最初的犹豫不决到现在的大方自信。中午，又有学生违反纪律时，我把拖地和整理图书的任务交给他们，并强调教室环境是班级的脸面，一定要随时保持整洁。他们感受到了老师的信任，每天中午无怨无悔地忙碌着，每一个死角都不放过。班级外出研学旅行时，又有学生违反纪律，我便把高举少先队旗帜的重任交给他们。看到同学们羡慕的眼神，他们不由挺直了脊梁，自觉做好班级的标杆。

其实，能让学生服气的永远不是教师的大嗓门、权威性，而是教师的大智慧、知心语。走进学生内心，我们才能看到孩子眼中的世界，变"给学生压力"为"给学生动力"，用激励、赏识等手段促进学生主动发展。

二、由"指导者"到"促进者"的转变

教师习惯于指导学生，但是这种指导经常会变成"牵着学生走"，往往效果不佳。教师应考虑学生的感受，要"推着学生走"，在他们能接受的范围内促进其成长。

班上的豪，平时几乎不与他人沟通，偶尔说几句话，也只顾表达自我，不管他人感受，很难与人正常交流，在班上几乎没有朋友。为了让豪快速融入班级，我找来了班干部，请他们多与豪亲近，但效果不佳，豪依然不愿与人交往。我鼓励班干部继续努力，然而他们在多次碰壁之后，也灰心失望了。豪的同桌偷偷告诉我，他听到豪自己嘟囔："整天这么多人过来围着，我快烦死了！"听了这话，我才惊觉我一番好意并未走进孩子的内心，反而导致豪原本封闭的内心更感受不到一点儿光亮，事与愿违。

一次整理活动室带来新的机遇。豪与同学整理活动室时，发现了一幅中国地图，便有孩子随手一指："这是哪个省？"其他孩子看了，默不作声，只有豪走过来，指着地图告诉大家："最北边是黑龙江省，这里是山东省，紧挨着的是江苏省……"孩子们非常惊讶，

纷纷跑到我面前来汇报："老师，豪是个天才，他认识中国地图上的每一个省份！"这个消息也让我很震惊，从未接触过地理的小学生，居然能把中国地图记得如此清楚！再看豪，身上哪里还有半点儿自我封闭的影子，每一个毛孔都在享受着同学们的夸赞，一副想要谦虚又忍不住得意的样子。

原来，相比于和他人闲谈，豪更喜欢在众人面前展示自己的学识。机会难得，为了促进豪与更多人交流，我把地图带回教室，让豪在全班同学面前展示他的才能。在同学们的感叹声中，豪仿佛学会了倾听外界的声音，不再只沉迷于自己的内心世界。其他同学对豪的态度也发生了变化，即使有时豪说话依然词不达意，但他们仍然愿意和他交流。终于，豪渐渐融入了班级。

教师对学生的指导并非单方面输出即可，而应以学生为中心，适时而为，促进教育"自然"发生。

三、从"导师"到"学友"的转变

学生的学习能力各不相同，在应试教育环境下，教师很难有效树立所有学生的信心。"双减"背景下，教育要为学生强才智、强素质，就需开展丰富多彩的活动，让孩子们在尝试、探索中感受自己动手的苦与乐，找到成长的乐趣。教师要有甘当小学生的勇气，与学生一起学习、一起分享、一起成长。教师成为学生的"学友"，更会让学生感受到成长的快乐。

班级中的绿植养护为师生带来了共同学习的机会。为了守护窗台的一片绿意，孩子们纷纷主动认领一株绿植，并在旁边写上责任人的名字。浇水、修剪、擦拭……一应事宜，均由责任人独立完成。

"老师，我的君子兰叶子怎么枯黄了呢？""我的多肉上怎么出现白色的小虫子？""我天天浇水，怎么也不见植物生长？"孩子们在亲身照料绿植中发现了诸多问题。"老师也不太清楚，你们回去查查资料，然后告诉老师一声，让老师也长长见识！"很快，孩子们就给出了答案：君子兰不宜放在阳光直射的窗台上；教室里需要经常通风，否则植物容易生虫；冬季最好把水装进瓶子里，经阳光照射后再浇花，否则水温太低，花草会不适应……

孩子们发现，老师亦非万能的，而是与他们一样，都需要不断学习来提升自己，老师由高高在上变成了平易近人，与学生的关系也更加和谐。

在云推云、树摇树的理想教育前景中，和谐的师生关系是一道亮丽的风景线。教师角色的转变，对适应新时代学生的发展具有重要意义。教师只有相时而动、顺势而为，面对真实问题，积极思考、扎实研究，才能与学生共同沐浴在阳光下，共创教育的美好！

（原文发表于《教师博览》2022 年第 9 期）

教师角色的转变：由"教学者"到"学教者"

杨雪梅

寒假刚刚开始，我们组织了一次全市中小学教师的专业培训。

"前面两排都可以就座，大家不要都挤在后面！""请老师们间隔就座，后面挤在一起的老师可以移步前排！"……不论怎么提醒，总有一些人固执地认为会场后头才是"安全区域"，如有互动，那么"动"不到那么远；如果无聊，刷刷手机干点儿私事也更隐蔽。

这一幕，使我的内心有说不出的沉重，教师原本应该最善于以言达意，但培训现场却又多是怕表达观点的老师。这种"怕"的背后，浅层次的解读是缺少自己的思考与观点，再往深层次想，其实就是对自己专业本领与专业能力的不自信。

时代瞬息万变，可许多老师却将自身的状态固化得如铜墙铁壁。"我只想安安静静地教书"——其实，两耳"不想"闻窗外事本身就是一种自我封闭；"总是为各种各样的培训、教研活动所累"——抱怨的背后是不思进取的消极；"老师的主业就是教学，最讨厌被要求读书、写文章"——他们似乎忘记了教与学原本就应该是相互促进的。

社会飞速前行，每个学生的发展既有典型的时代特点，又各具鲜明的个性特色，如此复杂的成长体系需要的不是教书匠的灌与输，而是"学教者"（学习如何教的人）的伴与陪。事实上，由"教学者"向"学教者"的角色转变，恰是应对新形势、新挑战的正确方式，其核心要义有以下两点。

一、教师应树立育人先育己的观念

许多老师对自己的工作定位非常明确，即教书育人，但对于如何教、如何育，却常感到迷茫；又或者，教育效果不错，却知其然不知其所以然。细细追因便不难发现，这些老师在引领学生成长的同时却忽视了自身的发展。

几年前，我曾被形形色色顽劣的学生、解决不了的班级问题弄得心浮气躁。一位教育前辈问我："毕业十多年了，你读了多少本书？写过多少教育反思？有没有试着通过书中的知识或反思来修正自己的行为？"我一怔："这些很重要吗？我全部心力都耗在了班级管理上，这样还不够吗？"

"育人先育己，不论什么时候，都不要停下自己学习、成长的脚步！"带着那份前辈给予的忠告，我开启了一段自育的过程。先从大量的教育著作中汲取营养，然后把其中的智慧运用在解决问题和教育学生上；通过常态的教育写作，梳理并思考自己工作当中的得与失，为后续工作积累丰富的经验；主动参加各类教育专题研修班，站在巨人的肩膀上让我的教育目光看得更远；学习了大量心理学知识和操作技能，遇事更善于从学生成长的内心需求去思考……

以自育为目标，我收获的是班级管理和教育教学工作的越来越得心应手。同样的问题，我比别人更能快速洞察其背后的原因；相同的麻烦，我的头脑中储备着多种可供借鉴的行动解决方案；同样的境遇，因为有着精神上的引领和目标上的指导，我更容易走出困境。

"天哪，这几年你身上发生了什么？以前你都是和我们一样在吐槽烦琐的工作、调皮的学生，现在许多学生的问题一经你的分析，我们似乎瞬间就明白了问题的根源，问题解决就有了眉目呢！"这是很多同行对我变化的一种反馈，也是我追寻成长后越发神清气爽地享受教育之乐、之趣的真实写照。

毋庸置疑，时代的发展变化给教师带来了极大的挑战。要想在不断翻滚向前的浪潮中始终挺立，就必须有一个观念上的颠覆——育人，先从育己开始！

二、教师需实现由职业到专业的认知转变

在大多数人看来，教师无非是一种职业，做一天和尚撞一天钟，如此便已是尽职尽责。其实，大家忽视了教师这一职业的特殊性——如果没有专业知识和专业能力的支撑，即便教师兢兢业业地坚守着，仍然不能称得上称职。

教师从职业角色走向专业角色的这种转换，其实既需要由实践走向理论的提升，更需要由理论回归实践的研究。

我最初走上班主任的工作岗位，是因为领导的安排。当捕捉到班级里的学生在成长中表现出盲目自大或者极度不自信等现实问题时，我便有针对性地开发心育活动课，引领孩子在不同的成长阶段对自我进行充分的了解。考虑到不同年龄段、不同年级、不同个体与群体的差异等情况后，我把"自我认识"这一主题心育课程进行了体系化的开发设计。在小学中低年级，我将成长目标定位为"认识自我，看到闪光点"；在小学高年级及初中，我以"悦纳自我，放大闪光点"为目标；高中则以"规划自我，成就有光人生"为发展目标。围绕着这一个个阶段目标，我追随着学生的成长线，将"自我"这一人生最关键、最长久的概念作为心灵生长课程来探究。

在这样步步登阶的行动当中，我最终构建了以"提升自我认知能力，提高适应学习能力，提升社会情感能力，提高成长规划能力"为框架的班级心育理论体系，也打造出了自己的教育品牌。

很多人都认为，像我这样有自己的研究成果、可以四处作讲座的人可以远离教育一线的烦琐芜杂了。但出乎大家的意料，我却选择回过头来再到不同的学校、不同的年级和班级去上课，与班级、与学生再次对接。只因我深知所有的理论提炼都应该为基本的实践应用服务。更何况，理论研究当中的偏颇和缺失，只有在教育教学实践的土壤中才能被修正和完善。

当时代的变化令人措手不及时，唯一的立足方法就是转换身份，由没有多少技能含量的职业者向无可替代的专业者转变。

开启自育也好，认知转变也罢，最终关注的都是新时代背景下教师该如何自处的现实问题。我们不是"教学者",而是"学教者"。边学边教,这是不被时代抛弃的独门秘籍。学有精进提升,教有经验可鉴,这才是最有力量的专业姿态!

(原文发表于《教师博览》2022 年第 5 期)

第 四 章

找到成长的方向

"我不是不想成长，只是不知道该怎样成长，更不知道该朝哪个方向发力！"这是很多一线班主任真实的心声。成长的方向在哪里？在于心灵沉寂时的被激活、被点燃，在于契机来临时的善感知、勇行动，在于与懈怠的自我相碰撞时的咬紧牙、挺下去，更在于面对未来时的不断探索、不断精进……

拥有一颗想成长的心

少年易学人易老。人到中年，越来越觉得用心学习很重要。生活中的风雨，无论多么猛烈，我们都有耐心慢慢地熬下去，熬到春暖花开；工作中的风雨，却不会给我们太多迟疑的机会，要学会预防和解决。

有时候，我会用很多时间来思考自己的成长，不是生理的成长，而是心灵的滋润、事业的幸福。我有成长的需要，也有成长的努力，但缺少成长的执着和坚持。

教师应该多读一些书，多一些思考，多一些阅读和思考后的写作，多一些身体力行的冲动。可能是那时候的阅读太浅浮，也可能是那时候的阅读和思考太肤浅，我在几次投入无果的尝试后，又回到了原先枯井无波的状态。悬崖峭壁上的松柏之所以受到很多人的追捧，正是源于它的独特，源于它不择地而出的坚韧。我们没有办法改变别人的观念和看法，但我们可以选择改变自己。

教师的职业尊严来自专业素养。向书本学、向前辈学、向同事学……有了向阳成长的心愿，必须化为努力践行的行动。这也成为人到中年的我的最大的痛，把自己活成了"语言的巨人，行动的矮子"。成长拒绝迟疑，成长不信推诿，成长推崇主动。曾经有多不屑身边人的蝇营狗苟，受累于成长中的随之任之，现在的自己也多多少少有了他们的气息，这是清醒、理智时候的自己所不喜的。要想活出阳光的样子，就必须有阳光的底蕴。好好成长都有希望，我经常把自己的感触不着痕迹地告诉上大学的女儿，希望她在成长中能够受到些许的触动，船小好掉头。

苏轼说，自己的才华如同汩汩泉水，不择地而出，行而所行，止所当止。自 2018 年参加市里的读写活动以来，我迎来了自己的第三次成长，才深深感受到了苏轼说那句话时的自信与豪气。那时读写团队初创，人不甚多，名气不甚大，我才有了参与的信心与勇气。在团队里，我学会了坚持，每周坚持完成相应字数的写作，每月坚持完成规定书目的阅读。相比其他人，我的收获是微乎其微的；但对我自己而言，收获是巨大的。以前从没想过自己的文字会变成铅字，从没想过自己的思考会得到他人的认同。不曾经历前，只看到对方的光鲜，却忽略了别人光鲜背后付出的汗水和努力。经历后才明白，从来没有随随便便的成功，成长的动力绝不是来自外部的压力，而是来自内部的张力，只有从内部打破蛋壳才能成长为鲜活的生命，从外部打破的只能沦为餐桌上的食材。

终身学习，不能只在心中感慨，而应付诸行动中；不能只有自己心有戚戚然，而应带动自己身边的人，特别是给予自己的子女正确的引领，让他们在成长的路上少走弯路。

（原文发表于《未来导报》2022 年第 42 期）

成长的契机要等风来

赵淑娜

　　周国平说过："最理想的情形是，事业和职业一致，做喜欢的事情并能以之谋生。其次好是，二者分离，业余做喜欢的事。最糟糕的是，根本没有自己真正喜欢的事。"看到这段话，我不禁为之动容，自己喜欢的事情是心之所愿，沉浸其中。如果把工作当作累赘，困在其中，真是人生憾事。

　　作为一名乡村幼师，我在这个工作岗位上已有两年的时间。大学四年里对66门有关学前教育科目的学习，都是源于心底的热爱。毕业后有幸当上了一名幼儿园老师，幸福的同时，心中也始终保持着一份纯净和坚定。

　　幼师的工作细微而烦琐。有的孩子因为分离焦虑而哭哭闹闹，常常需要老师一遍又一遍的提醒，有的孩子在老师的制止下还会淘气地在教室乱跑，孩子之间也会磕磕碰碰，有些家长与老师的理念背道而驰……

　　可这些，都不会阻挡我爱孩子的心。每天，我都能收到孩子们带来的小喜悦。孩子们总迫不及待地和我分享有意思的事情，我偶尔疲惫的心也会在和孩子的对话中慢慢舒展。达达会告诉奶奶要摘一朵小花送给我；欣欣会每天在吃午餐的时候帮我拿出洗好的盘子；大铭妈妈告诉我，"大铭说把家里的萝卜菜拿来给老师吃，小朋友睡觉老师才吃饭，很辛苦"；做早操太阳很大，有的孩子一定要把自己的帽子给我戴着遮阳光……

可能因为信息的不对称，在外人看来，我们的工作没有技术含量，只是看护孩子。其实，看护只是保育的一部分，幼儿园实则是教育和保育相结合，一日生活即学习。"春风十里不如心怀一亩桃园"，太多这样微小却带着温度的事情，源源不断地提供力量，让我愿意和孩子一起探索、成长。

不要急于对儿童做出评判

要尊重儿童，不要急于对他做出或好或坏的评判。

——罗素

"哎呀，这是硕的作品啊！"同班老师一边看孩子们点画作品的照片，一边惊讶地说。硕在我班是一个大大咧咧的孩子，说话不是很清楚，他连续说几遍，老师只能抓住一个关键词。硕很能"引"起老师注意：做手工总是"事不关己"，每每弄得画纸"不知所踪"。老师说过的话对他来说只是耳边的一阵风，听过即逝。

这次的活动主题是"奇妙的点彩画"，孩子们在老师提供的画纸上，用棉签在花朵和叶子上点上喜欢的颜色，每个点在花朵和叶子上都像跳舞的小精灵。在整理作品时，一幅点画清晰、颜色充满暖意的作品找不到主人了。孩子们也不知道这是谁的画。通过翻看用相机拍下的课堂记录，我发现硕在认真点画的正是这幅找不到主人的、暖意满满的作品。

这幅画是平时叫都叫不住、蜡笔总是画在桌子上的硕完成的，我很惊讶，更多的是羞惭。我们忽视了成长中的孩子的进步，没有真正地走近孩子，在教育的慢艺术中，没有仔细寓目。

有时候发生了事情，我们总以习惯的思维去想孩子，但我们为什么要那么着急去评判，而不去等着发展中的他们呢？

抓住教育的契机

"教育者的责任就是不辜负机会，利用机会，能用千里镜去找机会，拿灵敏的手去抓机会。"

每一个教育契机都是生活的恩赐，教师要善于抓住每一个契机。

吃过早饭，孩子们都在排队喝水。小美兴奋地跑向我："娜娜老师，浩宇杯子里有蜘蛛！"我闻声过去，浩宇拿着杯子认真地看着蜘蛛，小眼睛不停转，再抬头看看我。"哇，浩宇，小蜘蛛爬进你的杯子里，它很喜欢你呀。"不知道下一秒这个小家伙会不会把杯子扔掉，我赶紧安抚他。

这时，很多孩子都围在我和浩宇旁边。"蜘蛛啊，它在爬呢，好多条腿啊。""它会织网，用来抓蚊子。""我看过蜘蛛侠，可厉害了。"这一群孩子叽叽喳喳地说着。

"你们知道的可真多，小蜘蛛在杯子里，怎么办？"我赶忙发出了疑问。"让小蜘蛛和我们玩一会儿。"一旁的源源激动地喊出来。"玩一会儿之后呢？""再让它回家。"我点了点头，抓住了这个教育的小契机，把蜘蛛装到了透明的瓶子里，接着在电脑上搜索了蜘蛛相关的图片资料："孩子们，要和小蜘蛛做好朋友，我们应该对它多一些了解。现在我们看一下图片，其实蜘蛛也分很多种类。想知道'织网能手'到底是怎样织网的吗？想知道它是吃什么为生的吗？那么我们一起看看蜘蛛的生活吧。看这本《诞生了，蜘蛛》，你就能知道蜘蛛有哪些本领。"

"娜娜老师，小蜘蛛原来是从屁股吐丝的。"大铭闪着渴求的大眼睛。"蜘蛛很小就能织网，好厉害！""它冬天都捕不到虫子了。""蜘蛛产的卵都在卵袋里放着。""100天后小蜘蛛就长大了。"孩子们还沉浸在故事里……

"孩子们，你们回到家可以和爸爸妈妈一起看看蜘蛛还有什么小秘密，可以来和小朋友们一起分享。"第二天一大早，孩子们都有"蜘蛛的秘密"告诉老师和小朋友。有的带来了图片、图书，有的要讲关于蜘蛛的故事，有的要分享蜘蛛的种类，有的还带来了蜘蛛玩具……我知道接下来我们班要刮起一阵探索"蜘蛛的秘密"的风了。

孩子在活动中是主体，应该是主动的探索者、研究者、发现者，是知识经验的主动建构者。教师发挥引导的作用，应该是幼儿探究活动的支持者和引导者。当出现孩子们感兴趣的东西时，可适当地改变一下活动目标，灵活一些，就会起到事半功倍的效果，形成一个良性循环。

正如王维审老师说的："任何好的教育，都是始于体验、途经美好、止于感悟的水到渠成。"在教学的路上，我刚刚起步，体验刚刚开始，期待着途经美好，让孩子们的成长郁郁葱葱！

（原文发表于《中国好老师·课堂内外》2019 年第 10 期）

寻找自己的成长点，成就教师无悔的人生

王晓菲

人生若没有方向、没有目标地走下去，可能会活出一份随遇而安的坦然。但是若有方向，按照预设的目标去拼搏，努力过后，或许会看到不一样的成长，成就生命的另一番美好。我们常常能在石头缝中看到盛开的小花，在感叹生命坚强的同时，也会想这世间万物，只要你想，无论情况多恶劣，总会有生根发芽的可能。很多教师点是感慨太忙了，没有时间成长，其实只要你想，成长就会发生。

一、教师成长的现状

"毁掉一个人最简单的方法就是让他忙得没有时间成长。"一天，这句话偶然跃进了我的眼帘，我顿时心头一紧，后背发凉！是啊，工作十几年，我似乎天天都在忙忙碌碌中度过，一天即便只有两堂课也没有喘息的机会，时常忙到中午都顾不上喝一口水。这虽是笑谈，但确也是真事，想必很多班主任都感同身受，上班时各种检查需要面对，各种资料需要准备，还要忙着处理各种学生问题、家长问题等，有时候甚至觉得，若能安安稳稳地上堂课是一件多么幸福

的事，可是所有的这些都是班主任的工作。一天天下来，我们筋疲力尽，哪有时间成长，这是所有班主任的感慨。

忙碌的日子让心烦气躁、焦虑不安等负面情绪应运而生，这时的我们最需要的是成长，不仅仅是业务上的成长，还有心态上的成熟，只有自身成长了，才能从容面对这一切。

二、教师为何要成长

王维审老师曾说过，任何丰沃的土壤都抵不过一颗自愿自觉成长的心。对于班主任而言尤其如此，每天面对着琐碎的日常，从事着重复的工作，若再不成长，那早晚会倦怠于班主任这一职业。因此，成长之于班主任尤为重要。

1.教书的需要

我们之前也谈到过成长，但或许仅限于上过评职称所需要的优质课。经历过那段时间的班主任都深有感触，熬过几个日夜才上好团队精心打造的一堂课。这之后，我们或许在短时间内会有所提升，但时间一长又回到了老样子，上课没有了优质课上的笑容可掬、从容淡定，取而代之的是向课堂要效率的催促，甚至呵斥；优质课上思路明晰，而在现实中却很难精心设计好每一堂课。讲好课，是班主任的第一要务，更是职责所在，班主任应不断成长，提高自己的业务水平。

2. 育人的需求

教书育人是班主任的工作，但我们在传授知识的同时，也要关注学生心灵的成长。学生长大后或许会遗忘曾经的知识，但老师对他的呵护、关心却会铭记一生。可在追求"高效"的道路上，我们很多时候忽视了关照心灵，一味的简单、粗暴，换来的是学生的敬而远之。班主任还时常感慨孩子们的不懂事，其实正是班主任把学生推得远离我们，因为时而没有耐心，时而呵斥，让学生的心走得越来越远。因此，班主任有必要通过学习来成长。如杨雪梅老师所说，阅读班级管理类的书籍让她在处理学生问题上多了一些智慧和柔和；阅读心理学专著让她更贴近学生的内心，可以探寻到学生心灵成长的密码。班主任从事的是育人的事业，班主任的成长更是育人的需求。

3. 内心的渴望

常年的教育生活让多少班主任渐生倦怠，甚至觉得这份工作"食之无味，弃之可惜"。其实每名班主任都曾有过成长的渴望，但往往抵不过现实的纷扰，不了了之。或许有的班主任坚持成长过一段时间，但没等到花开便将其折断。为何渐生倦怠？为何觉得教育无味？其实只是因为缺少成长，我们才没有办法看到教育的美好。班主任在一天天的忙碌中蹉跎了岁月，苍老了心灵，一路走来，竟找不到成长的痕迹，光阴在这时也没有了任何故事可言。这不禁让我感慨，成长，是每名班主任在内心发出的渴望。

三、教师该如何成长

1.向着光出发

"成长，是向着自己开出的花。"杨雪梅老师用温婉如水的语言给我们做了一场涤荡心灵的讲座。那是我从教以来最能引起共鸣的讲座，或许是因为杨老师也曾经如千万班主任一样，入职时满腔的热忱被日常的纷扰消耗殆尽，她也曾迷茫，也曾彷徨，但杨老师却用读写成长了自己，成就了自己。她说："读写，让我有了仰望教育星空的警觉，也有了俯下身段后面对学生的柔软。"她还说："是读写，让我遇见了更美好的自己。"不得不说杨老师是威海教育大地上的一束光，给我们这些渴望成长又不知如何成长，不知长到哪里去的班主任带来了光明，我们将向着光出发，一路追随。

2.寻找石缝中的土壤

曾经有一位老师在空杯里装下几块大石头，问学生："杯子满了吗？"学生答："满了"。老师又在里面放了几个小石块儿，又问学生："杯子满了吗？"学生似乎明白了点儿，说："没有。"确实没满，老师又往里面加了沙子，这一次再问学生："杯子满了吗？"学生说："终于是满了。"可是老师又往里面加了水。一个容器看起来再也放不下任何东西了，可是实际上它还能以不同的形式装下很多内容。我们班主任也是，每天似乎是一个任务接着一个任务，难得有喘息之机，可即便这样，我们也要寻得空间，在心里装下成长的种子，在各种任务的缝隙中找到适合种子生长的土壤，让它在这忙忙碌碌中开出一抹芬芳。

四、我的成长之路

我在教书育人的道路上行走了十几年，这不长不短的岁月，曾让正值年轻的我以一名"老教师"自居。每天守着课堂、课本，面对着琐事烦扰和学生斗智斗勇的角逐，认为这就是我的全部。当老师怎能平心静气？不发威、不发火怎能让学生畏惧？没有畏惧怎么能好好学习？一连串的反问，让我觉得一天下来筋疲力尽，声嘶力竭后留下的"破锣嗓子"就是教师的标配。我曾认为自己会就这样走过我的教学生涯，看着学生一天天成长，自己一天天干枯。不曾想过，我也能成长！自2018年加入威海雪梅读写团队以来，我日日用读书、写作浸润自己原已日渐干涸的心田。跃在纸上的一个个文字，让我的思绪在梳理过后更加明朗，让我的内心在沉淀过后更加清澈，更让我闻见了育人路上的鸟语花香，看见了教育原来是这般美好。

1. 读书，安抚了我急躁不宁的心绪

常年快节奏的教学让我面对学生时多了些急躁，少了些平和，

常因学生的表现稍不合人意而大发雷霆，就这样损了身体，伤了师生感情，还会常抱怨学生不领情。殊不知在这呵斥间，学生不但没有学好，还会从心底抵触老师。这些年我带过一届又一届的孩子，可回过头来看看，我与学生的心离得竟那么远。

直到有一天我读了这样一篇文章，才恍然大悟。文章写到，智者问弟子："为什么吵架的人总是那么大声对彼此说话？"弟子的答案五花八门，智者都不满意。只听一位弟子说："生气时，两颗心离得很远，需要大声才能听见彼此。而相爱的人说话总是低声细语，因为两颗心贴得很近。"智者听完，赞许地点头："所以即便生气也要控制声音，否则会让心走得太远而找不到回来的路。"读到这里我不禁后怕，曾经我那么大声地对学生说话，是我把孩子推得离我越来越远。这篇文章安抚了我急躁的心绪，让我知道，既然初衷是爱，那么就不要伤害。

2.写作，成就了温情四溢的课堂

一年多的阅读，一年多的坚持，一篇篇文章的发表，让我看到了成长的足迹，体验到了成长的快乐，更可喜的是，面对学生、面对课堂，我竟多了一份从容，收获了一室的温情。

之前面对课堂上回答不出问题或者回答慢的学生，我会不停地催促，结果一催，孩子忘记了刚才的思路，杵在那里，我竟看不到孩子的无助，有时还会训斥，现在想来，我对自己的言行懊悔不已。后来我写过不同种类的文章，自然也会遇到这样的情况，我们知道出现问题需要寻找原因，对学生而言，教给他们方法比什么都重要。一天我让林翻译短文，他磕磕巴巴半天说不了一句完整的话，若在以前我定会埋怨，但那一次我对林说："翻译短文也需要学习其他同学的技巧，这几天老师先不提问你，你多听一听，学一学其他同学是怎样翻译的，好吗？"林看着我诚恳又关切的表情，眼中含泪连连点头。既然教育的出发点是爱，那我们就要学会去爱，短短的几句话，让我的课堂一下子充满温情。

3. 成长，温润了携手同行的师生

我曾因学生的作业糟糕而告之家长，希望家长在家看好学生。家长接到电话和信息会训斥甚至暴打孩子，这引起了家庭的不愉快，也增加了孩子对学习的抵触和对我这个教师的厌恶。在这样的情绪下，怎么会有和谐的师生关系？课上课下我都特意保持威严，一副拒人于千里之外的表情，让学生体会不到半点儿温情。没有情感的渗透，任何教育都只是灌输知识，而不是关注孩子的生命成长。

不停地读书、写作，不仅开阔了我的眼界，还让我在处理诸多教育问题上有了不同以往的见解，遇事也不再急躁，而是从容应对学生出现的各种问题。家庭作业用上俞玉萍老师的"孩子，昨晚家里有事儿吗？""那不写作业对吗？""今天能补上吗？"三句话，就能以四两拨千斤的方式解决这个难题。我知道自己需要学习，也正在慢慢地成长，在教育的路上，我还有很多需要学习的地方，但是这段成长之旅定会温润日渐冰冷的师生关系。

　　有句话说，电量可以预知，时光却不可控制；电池可以充电，人生却不能回头。人生对于谁都仅有一次，我们有责任对自己的人生做好计划，开启班主任生涯的成长按钮。我很庆幸，自己能在读写的道路上遇见二次成长的自己。它让我从不一样的视角看到了教育更美的画面，也知道了原来只要肯成长，人生就有无限的可能。

（原文发表于《青年教师》2020 年第 8 期）

成长就是跟自己死磕到底

毕丽丽

"今天开会休息时很多人谈起你，说你努力、勤奋，我心里很自豪，因为你是我的学生!"

微信闪烁，儿时的班主任发来微信，字里行间透出了自豪感。确实，一个人想要成长，必须努力、勤奋。

我是一名普通的幼儿教师，2015年踏上了管理岗位，从那天起，我就知道我不是一个人在走，而是要带着一群人走。然而，残酷的现实像鞭子一样抽打着我，老师发来的课后反思不会修改，领导布置的研究报告无从下手，就连年底要写总结也要东拼西凑。作为管理队伍的新兵，自己都是"孩童学步"，带领一群人走又从何谈起呢? 我深知自己身上的重任，我不进步、不成长，老师们如何进步?

带着成长的渴望，我数次回味2017年9月杨老师的那场讲座，她可以用文章进行深度的教育思考，可以通过自己的坚持和努力开出一朵属于自己的花，我为什么就不能呢? 带着这份坚持与教育理想，我加入了荣成雪梅读写团队，就这样开启了每日练笔之路。说起来容易，坚持下来真的很难。还记得那段最苦的日子，家里老人生病住院，我白天上班，晚上回家既要照顾孩子、做病号饭，又要完成白天未完成的工作，还要写日记，往往忙完已是凌晨，然后再拖着疲惫不堪的身子躺下。那时候我犹豫过，而每每坚持不下去的时候，杨老师的事迹就浮现在脑海中，催我奋进。黑暗的生活中总会有阳光洒进来，我总要抬头挺胸地面对、解决当下的问题。于是，我试着利用晚上陪孩子写作业的时间把自己一天的反思记录下来，利用做饭的时间听一听下载的电子书，利用每天刷手机的时间看书，刚开始时会有一些不适，但真的做了就会上瘾。就这样坚持了一段时间，渐渐地我不再局限于描写事件，更多的时候会加上自己的思考与感悟，并与实际工作联系起来。当杨老师发现我每天坚持写作的时候，她建议我无论写出的东西是长还是短，都要认认真真起个题目，并邀请我参加了叙事者团队。我深知自己的水平，能够加入团队是杨老师对我的鼓励。在团队中，每周别人发的文章我总会偷偷地看了又看，但就是没有勇气交作业。杨老师鼓励我大胆一点儿，她说："没关系，只要你肯做就行了。"每当我交作业的时候，杨老师总是第一时间评论，那时候的我就像期待老师表扬的幼儿园小朋友一样，那么急切。如今我已经坚持读写两年多了，在国家级、省级、市级刊物上发表了二十多篇文章。回头看看，这样的坚持也很有成就感，也确如杨老师所说的，写作是在坚持每天积累一点点后，才有可能"下笔如有神"。

　　莎士比亚曾说："一个人成长的过程，不仅是肌肉和体格的增强，而且随着身体的发展，精神和心灵也同时扩大。"的确是这样，有了这样的学习劲头，我在处理家校关系时有了底气，在处理孩子的问题上有了智慧，工作也越来越有方法，越来越得心应手了。一个人看得多远就可以走得多远，一个看得远、走得远的人会自带光芒影响其他人。就像杨老师一样，在幼儿园我也有了自己的光。在我的影响下，我们幼儿园里有六名老师参加了读写团队，其中有一名老师还是去年刚入职的稀缺男幼师。看到大家不断地发表文章，我发自内心地感到欢喜，那种喜悦的感觉甚至超越了自己发表文章时的心情。看到我园老师们的稳步成长，其他幼儿园的小伙伴很是羡慕，纷纷申请加入团队。2019 年，团队里已经有 15 名幼儿园老师了，杨老师建议我们自己成立一个工作室，就这样，我和我的小伙伴们有了"自封"的工作室。每个月我会选择不同的话题和小伙伴们一起写，每周通过小伙伴自荐的方式把文章发到群里，大家自行安排时间"拍文"。"拍"的时候大家会毫不留情、逐句逐字地品评，被"拍"的小伙伴根据大家的意见将文章进行二次修改。就这样，自 2020 年 1 月工作室成立以来，我们已经公开发表了四篇文章，我打心眼里为这一群人迅速又坚定的成长而高兴。

在外人看来，我的成长是光鲜亮丽的，但是谁知道我背后付出的努力呢。每个人的成长都没有既定的轨迹，唯有努力和坚持才能在成长的道路上走得更稳、更远。我特别喜欢一句话："生命中所有的坚持，最终都会由美好来偿还。"所以想要收获美好就一定要记得坚持、坚持、再坚持。

成长路上，谁不是一边在磨难中觉得快要撑不住了，一边又努力地去拼搏、去挣脱呢？而所谓的成长，无非就是咬紧牙关与自己死磕到底！

（原文发表于《威海教育》2020 年第 1 期）

在反思中凝聚成长的力量

车晓明

在运动项目中，我对跳远尤为喜爱，这并不是因为我跳得有多远，而是每次在奔跑中准确地踩上踏板，获得向上弹起、向前飞跃的力量的那一刻，便有一种成功之感涌上心头。踏跳的那一瞬是跳远成功与否的关键，只有在速度和力量完美结合时准确地踩上踏板，才能让成绩有所突破。在教育生涯中，要想有所突破，也需要在准确的节点有力量地踏跳，把握体验的节点是前提，在反思中凝聚力量是关键。正是在一次又一次成功的踏跳中，我获得了一次又一次的成长。

一、吸取他人的经验反思自我

子曰："三人行，必有我师焉，择其善者而从之……"在我的身边总不乏教学管理出色的同事，他们的治班之道总会在不经意间触发我的反思，从而完善我的班级管理。

一天大课间，我带着我的"兵"士气满满地向体育馆进发！瞧，我们的装备——笤帚、拖把和矬子，对，我们不是去运动，而是去劳动。此次学校把打扫体育馆的任务分配给了我和周老师所带的两个班，两班合作更能看出实力和差距，虽然我没有争锋的想法，但是也不想我的"兵"落后于人。所以，出发前我充分做好学生的思想工作，此时看着大家雄赳赳气昂昂的样子，我想我们一定会出色地完成任务。

到达目的地，我向窗外望去，周老师的班级还没有影子。我们从时间上抢占了先机，下面要看行动了。"这么大的地方，什么时候能打扫完呀？"不知是谁的一声抱怨，惹来了多声附和。是呀，以前来体育馆运动的时候，总觉得地方不大，中间只有一个篮球场；而今天来劳动，发现同样的空间却显得如此空旷。我和学生有同感，可我不能让学生泄气，所以面向队伍高声道："虽然劳动任务重，但是我们人多力量大，让我们甩开膀子干起来！"我以篮球场的中线为界，我班和周老师班各打扫一半，先把全班分成四个组，把工具进行了平均分配，给每个组划分了区域，自认为分工明确后，在我的一声令下，学生们散开开始劳动。扫地、拖地、清理垃圾，大家干得不亦乐乎。阳光透过体育馆上空的玻璃投射到学生们的身上，一会儿工夫，不少学生的头上已经沁出了汗珠。

我们已经打扫了将近十分钟，周老师才带着她的"兵"姗姗来迟。可能是周老师班下课晚了吧？还剩二十分钟就上课了，这能打扫完吗？我预想的慌乱并没有出现在周老师的脸上，只见，她一个手势，全班学生沿着篮球场中线一字排开，然后端平双臂，调整人与人之间的间距，学生站好位后，才开始挥动劳动工具。周老师面向全体学生，慢慢地向后退，学生慢慢地向前移动，没有一个学生超过周老师，原来周老师是在掌控打扫的速度呀！虽然速度慢，但是队伍稳而不乱，扫过之处一片整洁，真像马路上的扫路机。我在心里为周老师竖起了大拇指！

学生毕竟年龄小，一鼓作气的劲儿一会儿就过了，在周老师班缓慢前进时，我班已经乱成了一锅粥，我一会儿督促这个组，一会儿督促那个组，篮球场此时成了我的运动场，我不停地来回跑着。随着上课时间临近，周老师的班顺利到达了劳动的终点，看到我们仍没有头绪，还帮我们班承担了一部分劳动任务。虽然，我们顺利完成了学校分配的劳动任务，但是我不得不承认，此次比拼，我们班溃不成军，失败的不是学生，而在于我这个指挥官。

记得一次名师送课到我校，给周老师班的孩子上了一节阅读课，在导入环节，名师问学生："你如何评价自己的老师？"学生说："我们周老师是一个很讲方法的老师，我们都很佩服。"是的，我也很佩服！和周老师在一起，总会在不经意中学到一些教育方法。教育无小事，教育无小节，只有每一件小事都从方法上去琢磨、研究，才会成为拥有教育智慧的老师。

那堂课让我的内心久久不能平静，也使我在之后的班级管理中更加注重思考施行的方法。带着思考前行，我的班级管理逐渐有了自己的特色。

二、借助名家经验点亮自我

我想无论学校组织的校本培训，还是教育局组织的各级、各类培训，其目的都是帮助我们获得专业的成长。和同事闲聊中，我发现大家都有同感，那就是每当听了名家、专家的讲座时，都会心潮澎湃，可是没过两天这股热情就会变得淡然，直至冷却，于是，又继续穿旧鞋走老路。直到 2017 年暑期我到大连参加了一次班主任培训，那次培训改变了我，在培训中我有幸聆听了全国优秀班主任隗金枝老师的讲座《系列活动促进班级文化建设》，其中一个个具有特色的成功案例不禁触发了我班主任工作的灵感，我如获珍宝般地将这些收获放入我的智慧背囊中。

开学时要"四问"，目标明确大步走。每当接手新生，我的心中总是充满了美好的憧憬；当为开学的琐事所累，愿景便成了过眼云烟。由于目标不明确，班级管理没有中心、缺乏灵魂，特色文化建设就更谈不上了。隗老师的"开学四问"，在树立班级管理目标上给了我很多启发。

一问"我要带出什么样的学生"。小学阶段是学生学习习惯和生活习惯养成的黄金期，更是学生综合素养提升的关键期。培根说，"习惯真是一种顽强而巨大的力量，它可以主宰人生"。作为小学班主任，我们要重视培养学生良好的学习习惯：让读书成为习惯，使文学知识的积淀不断丰腴学生的大脑；让勤思成为习惯，头脑风暴会让学生的大脑变得敏捷；让认真成为习惯，用扎实去打败学习中的挫折。

"身体是革命的本钱"，每到冬季班上的孩子们总爱感冒发烧，究其原因就是缺乏锻炼，我们应该极力引导学生积极参加体育锻炼，不断强健学生的体魄。另外，遇到困难时积极乐观的处事态度、面对问题时阳光的心态都需要班主任在班级管理中逐步渗透和强化。立足学生的需求使我的班级管理目标更加全面，更有人情味儿。

二问"我要带出怎样的班级"。一个优秀的班集体应该具有共同的信仰和追求，这是班级文化的中心。那年我担任二年级的班主任，针对低年级学生上课怯于举手发言、下课活泼好动的特点，为他们设计了"我自信、我守纪、做文明学子"的口号。每节课前高喊口号，有利于学生自我督促和互相监督。优秀班集体不但要班风正，更要有浓厚的学习氛围。学生在我设计的好书分享、经验交流、学习对对碰等活动中，勇敢地争当"学习小达人"。

三问"班级建设目标的关键词有哪些"。作为高中班主任的隗金枝老师，她的班级文化关键词是：勤学、敏思、高雅、自强和共兴。这些不同的词语都体现了"以人为本"的理念。作为小学班主任，我觉得我的班级文化中还应加上：自信、自尊和自勉。自信代表阳光，自尊才会自爱，自勉引领进步。

四问"达成目标所采用的方法有哪些"。德育是班主任工作的主要内容，主题班会、主题活动的设计与开展是班主任实施德育工作的有效办法。隗老师的班主任工作思路令我十分认同和钦佩，结合小学生的实际情况，我认为班级德育工作应该以系列活动为载体，用活动引领学生实现从他律到自律、从他育到自育的转变，引导学生在快乐中体验成功，在活动中健康成长。

那次培训后，我将自己的收获变成了三千字的反思，隗老师的经验点亮了我，我以她为榜样，制订了我新学期的班级工作计划，在名家经验的指引下，我的班级工作更有条理、更有方向。

三、在阅读和写作中获得经验的沉淀

从上学到毕业，我写过的作文从来都没有得过优秀，自认为不是一个会用文字来表情达意的人。踏上工作岗位以后，时不时需要写点儿什么，写完后我都不敢回过头来读，因为读来味同嚼蜡，令人难以忍受。直到我遇到了我生命中的贵人杨雪梅老师，直到我加入了雪梅读写团队，这种情况才有了根本的转变。此时，当我回头看这三年来自己的阅读与写作经历，我心中满是充实和自豪，因为我在读写中获得了前所未有的成长。

2018 年元旦，我参加了雪梅读写团队的一次线下活动，被团队成员因写作喜极而泣的那份激动感染，毅然决定加入这个团队，趁着年轻，逼自己好好努力一把。

每月阅读一本书，或关于课堂教学的，或关于人生觉悟的，或关于教育故事的，或关于名家论著的，我阅读的范围越来越广，我的阅读积累也越来越丰厚，拜读名家名作不禁让我心生向往，在坚持阅读中这股热情始终保温，驱使我不断努力，不断超越自我。

从加入团队开始，我坚持每周写一篇文章，包括教育叙事、读

书感悟、教学心得等，即使过年期间也没有间断。2019 年暑期开学第一周，在这最忙碌的日子里，我挑战每日千字文，记下自己的疑惑、收获、反思；2020 年因疫情上网课期间，我挑战隔天一文，每文两千至六千字……从一开始强迫自己坐在电脑前，敲打生硬的文字，到现在的洋洋洒洒、滔滔不绝，我提升的不仅仅是文笔，更有我对教育的思考、对教学事业的热爱。

努力是施肥，开花结果就是必然，我最多一个月有十篇稿件被发表。起初我对读书和写作还带着功利之心，慢慢地，随着阅历的丰富，对成长的渴望逐渐掩盖了那份功利。读书能让我平静，文字与实践的触碰能引发我的思考，于是教学中的混沌之感逐渐消失。写作是最好的宣泄，写疑惑、写苦恼、写喜悦、写我和学生之间的故事、写课堂上的灵光一现……当回味时，我发现原来文字是那么妙不可言，可以把平淡变成智慧，使困惑变得明朗。当读书和写作相遇时，成长就是那么自然而然、水到渠成。于是，我拥抱着读书和写作，也就点燃了成长之光，在这束光的映照下，我积蓄着更多的智慧。

成长没有终点，需要一直向前看。我会继续在反思中获得成长的动力，借助他人反思自我，让自己的教学更有方法；仰望名家反思自我，让先进的理念提升自己的治学之道；坚持读写促进反思，让自己脚下的路越走越宽广。携手反思同行，我愿继续在努力中更好、更快地成长！

（原文发表于《威海教育》2021 年第 6 期）

做好"加减法"　　成长多期待

鞠文章

在我接受教育的时候，有的老师会通过惩戒的方法让心有畏惧的孩子迸发出学习的力量，而且学校是默许的、家长是支持的，现在回想起来，我们也常带着泪笑。经历过让心灵震撼的教育，我很为现在一些聪明的孩子感到可惜，他们不懂得珍惜自己的智慧，不懂得爱惜自己的时光，不懂得现时的苦累能换取日后的幸福；但我更明白自己的短视，"存在即合理"，我们的抵触与叹息还是源于我们自己认识上的缺憾。我们能做到的、更应该做好的，是接受新思想，用成长与改变的自己适应时代发展的需要。

适应"减法"，做好"加法"，让成长有方向

减少学生的作业量，绝不只是投学生所好，而是让学生的健康成长与学识增长同频同步。环顾我们的周围，近视、肥胖的学生逐年增多，那么，如何才能有效地改变这种情况呢？我们在做好学生作业量"减法"的同时，还要做好体能锻炼的"加法"。把学生由课内引向课外、由校内引向校外，培养学生的兴趣，提高他们的综

合素质。一些简单易操作、不择场地的传统游戏可以摆上学生成长的"餐桌",把他们的目光从电脑与手机中解放出来,扔一扔沙包、滚一滚铁环、踢一踢毽子、跳一跳皮筋儿,每一项活动中都会传递出青春的朝气,迸发出成长的欢笑。把偶然的尝试变成长久的坚持,学生就一定会把尝试性的浅爱变成坚持的深爱。

学生的作业量减少了,质量就要提升。过来人说起应试教育,大多忘不了题海战术。题海战术的目的是希望通过量的积累达到质的变化,也是希望通过对时间的管理让学生多练习。这样的做法成就了一部分人,让他们的才智得到发挥;也无形中伤害了一部分人,让他们感觉负重难行。单位时间内完成作业量的多少受到很多因素的制约,如智力、书写、思维、表达等,如果我们采用"减量增质"的方法,就有可能让大部分人在规定时间内得到同样的提升。这就需要教师深研教材,做好题型的变式研究,争取通过对一个题型的训练,使学生多个方面的能力得到提升。应对学生作业量的减少,教师要做好个人专业成长的"加法运算",要从内部打破"蛋壳",成全自我成长。教师"加法"做好了,学生作业量的"减法"才能真正落实到位。

适应"减法",做好"加法",让时光不虚度

校外培训班的大行其道已有多年。所谓"睿智"、"有远见"的父母都早早地把自己的孩子送进培训成长的新天地学英语、奥数、

书法、舞蹈、象棋、围棋、绘画等。他们既关注孩子学习智力的培养，也不忘孩子能力的提升。从表面上看，这些孩子真的把其他孩子远远地抛在了后面。不可否认的是，部分在职教师的推波助澜让课堂教学失去了纯洁的气息，很多培训机构赚得荷包满满，这不但增加了家长的经济负担，也让教育变得失衡。

既然选择了壮士断腕的阵痛，我们就要勇敢地面对、积极地应对。国家层面既然已经颁布了有关课后托管服务的指导性文件，学校和教师要做到的就是让托管服务变得有质量，既能真正地解决家长接送孩子不便的烦恼，又能切实地让学生在托管服务中得到综合素质的提升。家长希望的、学生喜欢的、时代需要的，就是我们每一名教育从业人员努力的方向。

经常感慨以前的老民办教师写得一手好字、拉得一手好二胡、练得一副好口才。当年一位教师的雕塑作品至今还是我们学校校园的一景。那时他们要办公到深夜，白天还要面对面地辅导每一个学生。他们既有硬实力又有软心肠，他们的人生忙碌又充实。他们那时候能做到的，现在条件优越的我们更应该做到。女儿曾经短暂地学过一段时间的书法，让她乐此不疲的是，每到休息时间，书法培训教师都会教孩子们用太空泥捏各种活灵活现的小动物。女儿卧室的搁板上至今还摆放着她当年捏制的小物品，即使已泛了黄，她也不舍得丢弃。

实施了对校外培训机构的"减法"，我们就要做好课后托管服务的"加法"。我们不能只把目光放在学生的学习上，参加课后托管服务的教师也要有点儿自己擅长的东西，让学生成长的天空中装饰的不再只是文字和数字、字母和公式，还应该有跳房子、摸石子、丢手绢、老鹰捉小鸡等美好回忆。如果参与课后托管服务的教师拿起笔来能写会画、拿起乐器能弹、张开嘴能唱，这种朴素的托管一定能打败那些华丽的培训。

（原文发表于《教师博览》2022 年第 1 期）

成长，只为遇见更好的自己

李　楠

从小到大，我一直是个很上进的人。记得初中时，我们家搬进了刚盖好的新房子里。冬天，空旷的新房子没有一点儿热气，即使是这样，我依然每晚给自己制订复习计划，在冰冷的房间内，以床为桌，趴在昏暗的灯光下学到很晚才睡。从小学到初中，勤奋上进的我一直名列前茅。

1994年，我考上了文登师范，成了一名中师生。三年后，我虽然完成了从学生到教师的身份转变，但不服输的心却一直没变。对于学生的成绩，我要求非常严格。都说刚毕业的老师会和学生们打成一片，但在我这儿，学生们不敢，因为谈到成绩，我在他们面前永远是严肃的。于是，我的教学成绩一路领先，所带的班级也总是名列前茅。但每学期公布的市级优秀教师名单中，总是没有我。最终将我的教学热情全部浇凉的是一次职称晋升的失败。那次晋级，对硬件的要求不多，名单公布后，与我同时参加工作的几个老师都晋级了，除了我。要知道，在那不需要多少硬件就能晋级的年代，一直担任班主任且带班成绩优秀还有一篇地市级教学论文的我竟然落选了！十多年只知道向前冲的我迷茫了，现实与理想的巨大落差让我的心灵饱受煎熬。那几年，每当踏进学校的教学楼，我都有种要窒息的感觉。

2015 年，市政府着眼于教育均衡发展，优化教育资源配置，将我所在的学校与镇上的另一所中学合并成了一所新的学校——荣成市好运角中学，我也从原来的学校合到了新校上班。不再年轻的我为自己定下了崭新的目标，一切从零开始！2018 年，在全市组织的一次教育大讲堂活动中，我遇到了雪梅读写团队的创立者——杨雪梅老师，我很清楚跟随着杨老师开始不间断地阅读和写作将会是我繁忙工作中一项沉重的压力，但老天给了我一次成长的良机，我必须紧紧追随，这也正是我所需要的。于是，从阿德勒的《儿童的人格教育》这本书开始，我开启了教育生涯的第二个阶段。

我将《第五十六号教室》中雷夫老师的班币制度用到了班级管理中；从《学生管理的心理学智慧》中寻找与学生相处的最佳方式；在于永正老师的《做一个学生喜欢的老师》中感悟育人的真谛；从《蔡元培教育论著选》中感受教育大家的视野、境界与高度。同时，在越来越多的教育故事的写作中，我的心态也在慢慢发生改变，少了一些急躁与戾气，多了一份自如和从容，眼中的每个孩子都是生动活泼的、多彩的、潜力无可限量的人。

阅读真是一件有着无穷魅力的事。在自己阅读的同时，我也把目光投向了学生，与班中爱阅读的孩子们一起成立了"书友俱乐部"，在书海中徜徉、驻足。2019 年寒假，结合雪梅读写团队发起的"开启书香寒假，丰富生命底色"的"与雪梅团队相约悦读"30 天不间断打卡活动，我发动全校师生共同参与假期阅读。活动结束后，学校有近百名学生坚持了下来，有的家长也与孩子一起坚持共读30天，在收获了不一样的寒假的同时，我在家校共育的方式上也有了新的思考。阅读模式一旦开启便在整个成山镇停不下来了。暑假中，镇上一千多个家庭加入全民阅读打卡活动的行列中，而整个荣成市则有两万多个家庭在杨雪梅老师的组织引领下参与了假期阅读打卡活动。在这场浩浩荡荡的大阅读活动中，收获的不只是知识的增长，更是生活方式与阅读习惯的转变。

阅读与写作让我的成长每天以肉眼可见的速度发生着变化。加入团队一年后，在杨老师的指引下，我便开始与团队中的伙伴们一起成立了荣成雪梅语文读写工作室，每月设计三个研讨话题，或进行整本书阅读研讨，或结合课程改革进行课例设计等，与一群确认过眼神的人一起向着理想的境界行走，这本身就是一件非常幸福的事。与此同时，《语文教学通讯》和《山东教育报》的编辑也陆续向我们抛出了橄榄枝。

在阅读与写作中，我的文章开始陆续变成铅字。《我们可以怎样"自由学习"——从〈自由学习〉说开去》《"班级是我的"》《许他一个美好的未来》……短短两年的时间，20多篇作品发表在国家级、省级、市级的报刊上，阅读和写作也已成了我生活的常态。

现在，我是荣成市全民阅读优秀推广人，是市级优质课的获得者，是全市教研会上"阅读教学探索与改革"的经验交流者，而我教育生涯的第二阶段才刚刚开启。有时候我常常会想：若是没有之前的那些不顺利，会不会有现在的我？心灵作家张德芬说："痛苦是成长的最佳燃料，人生最大的成长来自受苦。"其实，很多时候加诸我们身上的一切不顺与压力，都是来成就我们的，它们促使我们去寻找更好的自己，当然，前提是我们没有被打倒。

（原文发表于《威海教育》2020 年第 3 期）

教师面向未来的几个本领

庞丽虹

人工智能时代，我们发现越来越多的职业正在被机器人取代，但教师这一职业被取代的可能性却微乎其微。尽管人工智能可以做到知识渊博、多才多艺，但它毕竟是程序式的，是为工作而诞生的，不会产生思想，更缺乏灵魂。它只能根据程序的设定去工作，无法取代有思想、有人情味的教师。但站在新时代的节点上，教师要面向未来，做好新时代的筑梦人，也需要提升自身能力和素质。

一、做有创新能力的教师

虽然教师这一职业有着人工智能难以取代的特殊性，但是并不意味着教师就可以安于现状。教育的对象是人，人是最复杂也最有智慧的生物，因此教师更需要不断学习，不断更新知识和思想。随着时代的进步、科技的发展，教师如果停滞不前，又怎能培养出能够担起民族复兴大任的学生、具有世界眼光的人才呢？未来将是创造能力和创新能力高速发展的时代，如果我们不能立足现在和着眼未来，只是留恋过去，那么终将会被时代抛弃。教师是日复一日地教学，送走一批又一批的学生，看似循环往复，但是面对的是不同个性的学生。教育在随着时代的变化而不断更新，并被赋予新的内涵，教师需要学习新概念与新技术，不但不能抗拒人工智能，还要主动学习人工智能，使其助力教学。

2020 年初暴发的新冠疫情不仅威胁着人们的生命健康，也给各个行业造成了巨大的损失。教师们借助多媒体技术，进行线上教学，成了人们口中的"十八线主播"。即使在灾难面前，教育也总是走在前面，这得益于网络技术的发展。信息全球化已经成为一种趋势，未来的教育必然涉及人工智能，未来教师也一定是拥有科技眼光和科技头脑的人。教师只有在网络技术面前不退缩，勇于学习新技术，与时俱进、推陈出新，才能走在时代的前列，也才能让学生在大千世界不迷失方向。多媒体技术以及人工智能领域是一个全新的世界，学生走进这个世界的大门，也需要教师的引领。因此，教师要不断学习新的技术，善于运用网络技术，借助人工智能，使教学更加多彩，让学生有更多的兴趣去探索未知。

二、做有独特人格魅力的教师

面对性格各异的学生，教师要注重因材施教。同时，一名有独特人格魅力的教师，总能让学生喜爱其特点，享受其课堂，并乐于学习。这样的教师不仅会受到家长和学生的喜爱，还能给学生带来无尽的温情和心灵的养料。

我读初中时遇到过一位语文老师，她就是一位十分有人格魅力的老师。她的课堂上没有热闹的花架子，也没有僵硬的知识灌输，而是扎扎实实地给学生打基础。她思维的条理性、讲述故事的趣味性，以及说话的声音都那么与众不同。班上几个调皮的小伙子，在班主任眼前都不能安静，常常挑起事端，扰乱课堂，却独独在她的课堂上安安静静地听讲。

总有许多或严格或温和的老师在学生的学习历程中留下深刻的印象，在某一个时段为学生的学习带来不一样的体验。一个人只有真正走出校园后，才能发现他所记住的不是老师教的知识，而是对这名老师的感觉。这种感觉就与教师的人格有着莫大的关系。

人工智能时代来临，学生有了更多的学习资源，教师有了更多的教学资源，但是一名优秀教师独特的教学风格却无可替代，那是教师在长期的教学中摸索出的一套模式。这种风格与教师的性格、习惯等紧密相连，绝不是机械的机器人所能取代的，因此这种个人魅力尤其宝贵。教师要在教学中塑造自己独特的教学风格，成为富有独特魅力的独一无二的人。

三、做会思考、有思想的教师

人与人之间的不同主要在于思想的不同。这关乎基因和生长环境，更取决于教育的质量。正如帕斯卡尔在《思想录》中所说，人只不过是一根苇草，是自然界最脆弱的东西；但他是一根能思想的苇草。教师的思想总是在无形中传递给了学生，是学生能够扬帆起航的关键。学生的学习不仅在于学会知识，更在于学会思考。一位会思考、有思想的教师，必然能够教出一批乐于思考、勤于思考的学生。因为思考会点燃智慧的火花，带来全新的视野。

罗伯特·费舍尔在《教儿童学会思考》一书中说，社会内部的变化速度之快，以至于很难评估未来需要什么样的实际知识。这意味着学校不应该把重点放在传授信息上，而应该放在教学生学会学习和独立思考上。研究表明，学生喜欢那些引导他们思考的老师，也喜欢需要他们思考的课程。可见，未来教育不是知识含量的竞争，而是思维能力的竞争。教师要激发孩子思考的意愿，教孩子思考的技能，鼓励孩子乐于探究，并让孩子相信他们的思考是有价值的。而这一切都需要教师首先成为一个会思考、有思想的人。教师要多读书，在读书中丰盈头脑。除阅读教育学著作外，教师更要多涉猎其他方面的书籍，拓宽自己的眼界，树立世界眼光。此外，教师要常表达，学会用文字来表达自己，让阅读输入经过思考之后变得更加深刻，通过写作输出传达思想。

在《南渡北归》这本书中读到蔡元培逝世的场景时，我仿佛身临其境。曾经给北大开"学术"与"自由"之风的伟大教育家的离去，带来的是整个教育界乃至全国的哀悼。后来我了解到，蔡元培为贯彻学术研究的主张，曾数度远赴德国和法国留学考察，研究哲学、文学、美学、心理学和文化史。这些研究为他致力于教育改革奠定了思想理论基础。像蔡元培一样的后来者们也奋斗不息，他们致力于教育事业，奔走在全国各地。真正的教育家式的人物，必然能够走在教育的前沿，乐于接受新的知识。

教师肩负着国家的重托，因为教师培育的是国家未来的栋梁。新时期的教师要具备未来的眼光，要站在更高远的境界指导学生，引导学生探索新世界的大门。

（原文发表于《教师博览》2022 年第 7 期）

第 五 章
见证读写的能量

　　如果要归结班主任最有能量的成长方式，一定非专业读写莫属。阅读，让我们为自己浅薄的实践找到了理论的源头和深入行动的动力，也让我们拥有了"读至此处云清月朗"的豁然。写作，一方面让我们完成了对过去经历的客观记录和反思修正，另一方面让我们走到了问题的前面去进行前瞻性的思考和规划。读与写，真的是有能量的！

读书是一种美丽的行走

朱孟香

尘世一日，书中千年。我不记得自己是从何时开始爱上读书的，但清晰地记得上大学时，老师将毕淑敏的《我的五样》搬上课堂，其中有一个测验是让我们一步步删掉自己的最爱，删到最后，我只留下了书。阅读，没有让我扬名立万，但却让我离"明师"越来越近——内心澄明，思虑清明。

平时，我以买书为乐，尤其是上班有了工作收入后，就更喜欢买书了。最开心的时刻便是收到快递，打开包装，把书一行行、一列列整齐地摆在书架上。有一阵子，我以买到新书、绝版书为豪，一旦比别人先读到一本书或者拥有别人没有的书，就会有一种优越感。但在阅读的过程中，我渐渐明白，书早读到并不见得能先读懂，晚读到也不见得晚开窍。

买书如山倒，读书如抽丝。我书买得多，但读得慢。那些难啃的大部头，有时读不到两页就将它们束之高阁了；而有些书，则会让我爱不释手，忍不住想一口气读完。书买回来后，我一般会浏览一下，先读序，然后再选择一两个章节读读试试。看到特别入眼的书，就继续读下去；若不是，则让其返回书架，择日再读。工作之前读的书比较浅而且杂，一般是一篇文章简单浏览一遍，了解一下内容，摘抄几个好词句，大部头论著则是囫囵吞枣地翻翻，浅尝辄止，仅此而已。对有些书也会反复读，隔三岔五地读，随着年龄的增加和心境的不同，对同一本书的理解也会不同。

刚毕业时，我被分到一所农村学校，初为人师的喜悦让我幻想着要大显身手，把自己所学都发挥出来。可是"理论很丰满，现实很骨感"，等真正拿起教材备课时，却发现不知如何设计教学目标，如何突出教学重点；课堂上不知如何调控气氛，对于课堂偶发事件更是手足无措；点名批评、大声呵斥是常有的事，结果课堂纪律反而更差，教学成绩可想而知。无数个不眠之夜，陪伴我的只有那一行行、一列列的书，我沉浸在自己的世界里找寻着方法……

焦头烂额之际，我看到了苏霍姆林斯基关于学习的论述，他说："教师要无限度地相信学习的力量。"于是，我静下心来，改变了以往散漫的读书习惯，变为有选择、有方向性地读书。我开始去读教育专家的名著，如卢梭的《爱弥儿》、苏霍姆林斯基的《给教师的一百条建议》等。这些有深度的书往往是难啃的，有的书词语晦涩难懂、理论高深，有的书思维跳跃性大，抑或逻辑迂回曲折。天生不服输的倔强性格让我一次次坚持着读了下去，遇到不懂的专业词语我就查字典，句子不理解就反复读几遍，或者先放一放，继续往下读，读着读着前后文章关联一下也就通畅了。慢慢地，我发现书读得越深，获得的营养越多。好书都是有深度的，需要耐心涵养。我徜徉在书海，与大师高尚的灵魂"对话"，与教育名家"交流切磋"。苏霍姆林斯基教会了我要正视学生个体间的差异。陶行知先生让我懂得：没有爱，就没有教育。魏书生老师让我懂得了很多科学管理班级的办法……慢慢地，我发现名师之所以能成为名师，除了有对教育执着的大爱，另一个重要的原因就是他们注意细节。于是，在教学中，我特别注意自己一个细微表情的流露，一张小小教学图片的呈现，一个字体或符号在句子中的位置……进教室时要真诚地微笑，让学生感受到老师的亲切；讲解时不把手插进兜里或背在后面，让学生感受到老师的尊重；提问时与学生进行目光交流，让学生感受到老师的热情；学生回答问题时耐心倾听，让学生感受到老师的鼓励；制作幻灯片时考虑字号、行距，确保图片的美观，让每一名学生都能看清……这些在阅读中的收获让我的心胸多了份成熟、豁达，举止多了些优雅、自信，言谈多了些神韵、快乐。随之而来的是生活中的惊喜：领导与家长的满意，同事与学生的佩服。教育教学得心应手，各种荣誉表彰也随即而来，这使我由衷感悟到幸福源自实力，而这实力就是阅读所带给我的礼物。

俗话说："谁也不知道哪块云彩下面会有雨。"你今天读的书，不知道哪一天才会有用，但你得先"布云"，"云"积得厚了，就不愁不"下雨"了。我很感激，是读书让我不再迷茫，让我重新构建起了与学生心与心沟通的桥梁；我也很庆幸，在文字的引领下，我遇见了那个更好的自己。我相信，端起书来，每个人都可以找到属于自己的成长轨迹，都可以创造属于自己的人生奇迹！

（原文发表于《新教师》2020 年第 9 期）

拒绝"空白"阅读

张 鹏

阅读，总有一定目的，或为丰富学养、开阔视野，或为修身养性、娱乐消遣。目的不同，采取的阅读方式自然不同。

作为一名教师，尤其是语文教师，读书，还是应该抱有一点儿功利目的，即厚积学识，改造教育实践，也就是说，读书要有所获、有所思、有所创并有所用，绝不能蜻蜓点水般泛泛而读。

我意识到这个问题，是我在重读汤拥华老师的《文学批评入门》一书时，此书于一年前读过，但当时只是沿着文字顺序读下去，偶尔圈画一下，而这次再读时，我发现这本书就像新书一般，之前的阅读印象几乎全消失了。换言之，之前的阅读过程所造成的结果是"空白"，尽管作家三毛说过："许多时候，自己可能以为许多看过的书籍都成过眼云烟，不复记忆，其实它们仍是潜在的，在气质里、在谈吐上、在胸襟的无涯，当然也可能显露在生活和文字中。"但这样的安慰，依然无法抵消我心中的慌乱，毕竟，教师阅读不等同于大众阅读，前者是一种专业行为，带有专业目的，教师进行阅读理应走向专业能力和自信的提升，当然，也不能抹杀教师作为一名普通人进行随意的消遣的阅读的机会，但是在职业身份和专业行为的语境上看，"空白"阅读显然带有危险性。

教书育人是教师安身立命之本，而读书思考又是教师教书本领的源头活水，想到这，我们理应有理由说，拒绝"空白"阅读，打破这种危险性阅读方式，但是，该如何重建适宜的阅读呢？我想结合阅读、教学体验和反思，谈几个方面。

阅读要有规划和聚焦。教师的教育工作其实可以做一个切分，大体分为学科教学、课程开发、学生德育等，这几个方面也可以继续细分，比如学科教学可以分为学科教学内容、学科教学方法、学科教材等。教师的从教生涯在上述方面的发展是有不平衡性和次序性的，有的教师学科教学内容研究精深，有的教师则擅长班主任工作和学生管理，这与教师的特长、职业兴趣有关，也与教师的专业发展程度有关，从这个角度讲，教师阅读就应该有规划，要与专业发展统筹考虑起来。以语文教学为例，教师在从教初，最好首先着力于文本解读类书籍的阅读，把文本解读能力提升上去，因为文本解读是确定教学内容的基础，只有基于文本特质择定好适宜的教学内容，才能有的放矢斟酌有效的教学方法。也就是说，我们应该基于本学科的专业进阶规律和自身的专业发展取向，有次序地规划好书籍阅读的类型，进而与专业发展的目标关联起来。在此基础上，我们的阅读就可以形成阶段性聚焦，比如前三年着力于学科教学方面的书籍阅读，后二年逐步转向课程开发方面的书籍阅读，一个阶段有一个阶段的阅读聚焦，也就可以在持续聚焦阅读思考中达成一个个设定的专业发展目标。当然，在实际阅读过程中，我们肯定也会有打破和调整规划，进而实现阅读类型的交叉，但这一定是基于实时实地的教学问题下的阅读求解，一定也是指向教育问题解决和专业发展的。有规划和聚焦的阅读，可以帮助我们避免"东一榔头，西一棒槌"式的随意阅读，使阅读效果聚拢而增益。

阅读要有记录和链接。反思我阅读《文学批评入门》一书印象浅、收益小的原因，没有做读书笔记是首要的。阅读是读者与作者思想的对话，既然是对话，就应该将作者的核心观点、论述逻辑以及给人启发的语句记录下来，方便后续的翻看回顾和理解应用。这实际上是在做阅读简化工作，把书本读薄，提炼精华，重构认知。可是读书不动笔头，仅仅是圈画一下，读后时间一久，记忆被时间冲淡，遗忘也就难免了，后期需引用或回顾书中内容时，基本上是需要重读了；而倘若在阅读过程中，我们做了全书的思路框架、章节的脉络结构、重要观点、素材等记录，便可以直接拿着笔记本来有针对性地重读书本，更方便快捷地引用和回顾。我们可以通过思维导图、知识卡片等形式记录，也可以做摘录，很多传统学者大家就是靠阅读所做的知识卡片来积淀学问的。此外，我也觉得阅读记录绝非是从书本上抄下来那么简单，如果我们只是把书本上的铅字转化为自己的手写字，虽然在形式上确实留下了痕迹，不再是"空白"，但是在认知上、在思想上，"空白"度还是较大的，因而我们必须更充分地让自己在阅读记录时激活大脑思维，按建构主义理论的说法就是努力让当前的新知与大脑已有的知识储备和阅读经验链接起来，达成新知的同化与顺应，使之与旧知交融起来、结构化起来，并在新旧交织的过程中，打通思维关节，生成自我的体会与观点，这甚至可以走向创造。显然，在阅读《文学批评入门》时，我就可以与孙绍振先生的《文学文本解读学》的阅读体验链接起来，在比较、对应中，凝练问题，总结规律。从这个意义上说，我们的阅读记录理应包含在阅读链接过程中的所思所得，以打破抄写的单一化。

阅读要有评议和应用。全书读完了，最好写点儿读后感或书评，从整体上对书籍进行评议。在评议中，既要看到作者观点，阐述自己的思考和认识，也要从另一个角度解读作者观点中所蕴含的洞见。我在网上认识了广东中山市的语文教研员郭跃辉老师，他经常在自己的公众号上发布"读文有思"，评议自己阅读书籍和论文的思考感悟，简述与评价相结合，并在评议中接着书本作者的观点继续谈开去，在作者停止思考的地方继续思考下去，将某一问题想深想透、想全面，织大织密自己的认知图谱。从一定程度上说，郭跃辉老师的阅读评议是另一种形式的创作，我们可以理解为"接着说"，这种"接着说"推动阅读走向创作、走向创造，在评议书本中解构书本、建构自我。另外，拒绝"空白"阅读也不仅仅意味着纸上留痕，在行动上、在教学实践中留痕才是真正的"充实"阅读。我之所以选择再读汤拥华老师的《文学批评入门》一书，是因为自己的文本解读能力不足，在文本解读面前总是束手无策。重读，是想从中寻觅文本解读的角度、路径和方法，目的在于应用，去触摸文本的内在肌理。而反思之前的阅读，我对该书也就仅仅止步于阅读，其中的解读方法，根本没有拿来在教学文本的解读中应用一番，因而还是使得自身的能力与书本的智慧隔着一层厚障壁。在教育领域的阅读中，书本有理论智慧型的，有案例故事型的，也有方法工具型的，无论哪种，从中提取精华，加以应用，于应用中反思、修正、完善并充实，应该说是一种欢愉的精神之旅。

阅读并不纯粹的轻松愉悦，很多时候它就像苦涩的咖啡，细细品才能回甘。拒绝"空白"阅读，从阅读结果或目标处逆推、反思，"充实"的阅读需要我们有一点儿匠人精神，需要我们的不断打磨、构造、熬炼。

（原文发表于《师道》2023 年第 4 期）

随心而读：阅读的选择与回归

李　楠

没有什么比捧着一本书入睡更舒服了。读什么书，以什么方式来读都随心而定。读人、读事、读心情，从阅读中汲取，在阅读中放松。读着读着，就读成了自己喜欢的样子。

贫瘠中的渴望

对于书，我有着一种本能的喜欢。十岁大的时候，家人们还在为填饱肚子而奔忙，精神世界一片贫瘠。除了我的课本，家里没有一本书。大伯家有个远在大连的亲戚，经常会把自己孩子看完的儿童画报寄回老家，花花绿绿的配图加上有趣的文字如磁石般吸引着我。从此以后，内向的我总是找着各种理由去大伯家"玩"。因为是顶着找姐姐们玩的名义去的，不好意思光明正大地看书，怕冷落了姐姐们，总是假装在玩的时候无意中发现了书，再找一个角落偷偷看。二十多年过去了，我至今还记得里边的《人蚁大战》《神奇的镜子》等故事。那些故事给我的生活增添了无穷的趣味，我也从中窥见了一丝科学的微光，吸引着我想要去寻找更多的光亮。

读师范时十五岁，离开父母过起了住校生活。恋家的我无数次在黑夜中黯然流泪，怀念母亲的叮咛和家的温暖。离学校不远的市场有一个书摊，地上铺着油纸，各种各样的书摆了一地。我每次路过都会驻足，翻翻这本，看看那本，但每月的零花钱是有限的，这些书很少能装进我的包里。一次过生日，父亲多给了我十块钱，我在书摊前反复翻看比对，郑重地用这十元钱买下了我人生中的第一本世界名著——《乱世佳人》。那片红得耀眼的红砖粉的土地就成了我很长一段时间的记忆背景。我喜欢纯洁温柔的玫兰妮，也喜欢在战火纷飞中因为对阿希礼的一句承诺而照顾玫兰妮的斯嘉丽，尤其是斯嘉丽发誓绝不让家人再挨饿受苦的场景，让我深受震撼。"明天又是新的一天"，有什么比这句话更能治愈无助的内心呢？本·奥克瑞曾说："故事的神秘和强大力量常常被人们所忽视。它们以无形而潜移默化的方式，影响着你的心灵和内在自我的方方面面，在改变你的同时成为你的一部分。"这两个形象就像两个灵魂无时无刻不在脑海中盘旋，这也为我后来性格中坚毅因子的萌发播下了种子。

教育阅读，由"术"而"心"

虽然所教班级成绩喜人，但我知道这缘于我的严肃与严厉，这种方式是我不喜欢的。怎样才能做一个让学生喜欢也让自己满意的老师呢？我迷茫了。二十多年的教育经历让一颗充满激情的心在平淡与重复中倦怠、消沉，也让我在班级管理中与智慧渐行渐远。再次敲开心门的是李跃儿的《谁拿走了孩子的幸福》这本书。书中各种不幸的孩子一个个出现在我的眼前，就像一把锤子一下下锤着我的心，孩子不是生来就是这样的，是教育让那些孩子变得冷酷、无情、行为不当。"孩子特别能感觉美好的东西，只要你感动了他，他的心灵就会变得高尚起来，这就是爱的交互。爱是一种能量，这种能量可以互换。"是的，教育孩子要有正确的方法。

受到雷夫的《第56号教室》中班币制度的启发，开学后，我也在班中使用了班币制度。虽然最初考试的成绩不理想，但是孩子们的眼睛亮起来了，他们的自我意识开始慢慢萌芽，而我也在改变中反思、收获。受到王维审老师《做有故事的教育》中叙事班会的启发，期中主题班会不再是挨个分析学生成绩，而是开展亲子书信交流会，感恩父母，感悟成长；或者是以漫画为主线，让学生边看边联系自身实际，思考漫画中的深刻含义，让学生通过思考明白学习和人生都容不得半点儿偷工减料，唯有担负起自己的责任，努力前行，做好自己该做好的事，才能有未来。每当学生们有些懈怠了，我便给他们写信，一起回忆过去，一起加油鼓劲，一起向未来前行。当我知道我可以为学生营造局部的春天时，便不再把现实与理想的差距当成横亘在我心底的鸿沟，我可以给学生更好的教育，这种教育是以提升学生的综合素养为目标的，而不仅仅是会写生字、会背古诗、会翻译课本上的那几篇古文。可以让每个学生都做自己擅长学科的小组长，可以带着他们在"爱书人书友俱乐部"的活动中一起攀登书山，可以跟他们一起讨论某部电影引发的思考……

一次偶然的机会，我倾听了迟毓凯教授的心理学讲座，他幽默风趣的语言让我对利用心理学知识对班级进行智慧管理产生了兴趣。我买来了他所著的《学生管理的心理学智慧》，在文字中品咂心理学管理班级的智慧。"要跳出教育看教育，要从一个人而不是只是一个学习者的角度来看待我们的学生；他们不是一个个学习的机器，而是一个个生动活泼的、多彩的、无可限量的人。""给每个孩子以成功的机会，让他们去成长。""每个人生来都是孤独的，都渴望在生活中得到他人的认可。""罗密欧与朱丽叶效应""自我效能感""维特效应"等一系列心理学中的专业术语跳入了我的眼帘。教育学生不仅要有方法，更要有"心"，不仅仅是爱心，还要有心理学的知识和一颗童心。

《正面管教》也是这个时期读的一本书。它是正面管教协会的创始人简·尼尔森的代表作。"和善而坚定"是正面管教的原则。"和善而坚定"源自鲁道夫·德雷克斯的儿童教育理论。"和善"表达了我们对孩子的尊重，"坚定"则在于尊重我们自己。专断的方式通常缺少和善，娇纵的方式则缺少坚定。"和善而坚定"是正面管教的根本所在。书中从心理学的角度给我们提供了和善而坚定地对待任何状况的有效的管教方法，颠覆了我们传统的无技巧的简单且无效的教育方式。这是一本教我们如何赢得孩子，而不是赢了孩子的书。其实许多人都没有想过一个问题，即要想管教好孩子，我们先要来读懂谁。是的，先要读懂我们自己。你想要做一个什么样的父亲或母亲？你想要成为一个什么样的老师？你想让孩子未来成为一个什么样的人？你爱孩子吗？这种爱，孩子有没有感受到呢？你常用的教育方法有哪些？这些教育方法中是否有尊重的存在？您的教育方法中有多少是让自己都感到无能为力、毫无效果的？在读懂自己之后，我们再依据儿童心理发展规律来读懂孩子。随"心"而读的模式开启之后，我又读了《儿童的人格教育》《养育男孩》《完整的成长》《好妈妈胜过好老师》《顺应心理，孩子更合作》《自驱型成长》《非暴力沟通》等心理学方面的教育著作。"哭的时候用全力去哭，笑的时候用全力去笑，一切游戏都用全力去干。干一件事的时候，把这事以外的一切别的事统统忘却。"这种感觉多么畅快！当用一颗如儿童般纯净的学习之心去阅读教育和阅读学生时，教育也变得有滋有味又有趣了。

反思，让阅读回归生活

《爱因斯坦论科学与教育》中提到"学校的目标应当是培养有独立行动和独立思考的个人"。爱因斯坦有一颗天才的头脑，14 岁学高等数学，15 岁掌握微积分，16 岁的夏天写了题为"磁场中的以太状态研究"的理论物理学论文……但这并不影响他被当时的教育制度蹂躏。由于他对事物的专注，在那些齐刷刷回答老师提问的孩子中间显得那么格格不入，所以他被冠以"人笨"的头衔；因为他懂得多，所以数学老师常常被他问得张口结舌，挑战权威的结果是又被封上一系列头衔，什么"生性孤僻""不守纪律""想入非非"，以至于爱因斯坦父亲问学校校长爱因斯坦将来该从事什么职业时，校长毫不掩饰地说："什么都一样，他长大后绝对不会有什么成就的。"幸好爱因斯坦后来去了学习氛围良好、老师和同学思想开放的阿劳州立中学。仅仅学习了一年，他的人生便得以重见阳光灿烂。怀海特在《教育的目的》中说道："学生是有血有肉的人，教育的目的是激发和引导他们的自我发展之路。"我们很多时候把学校简单地看作一种工具，靠它来把最大量的知识传授给成长中的一代，而成长中的一代则熟练背下并把它当作考场上跳过龙门考上理想学校的工具。当学校的目的不再以人为本，而是一切围绕考试分数进行，将人工具化，将知识功利化，这样的教育意义何在？

《做一个学生喜欢的老师》是于永正老师的封笔之作，从构思到定稿，历时四年。书中的每一句话、每一个字都饱含着于老师对学生的真情。在他的文字中，我看到了他那颗对教育认真到近乎虔诚的心，"用力"地教育着学生，用他自己的话说就是，"我是带着使命感和责任感教书的"。这是一部大德之师的教育史诗，没有技巧，只是用心。要是自己在上学时也能遇到这样的老师该多好！我总是边读边感慨。刘云迟到了，他不批评反而对全班同学说，他小时候迟到了还不如刘云有勇气。魏亚军偷黄瓜，他也不批评，只是对着耳朵轻轻问他："偷来的黄瓜好吃吗？"他点名时发现不认识的姓，会将它大大地写在黑板上并向学生请教，还感谢学生让自己有了这样的收获……这样一位宽容、尊重学生的老师，学生们怎会不喜欢呢？从他对学生的宽容与尊重中，我读出了一位老师对学生的用"情"之深。"教育没有纯方法、技巧的东西。所有方法、技巧的背后都有一个'情'字在做支撑。""每接一个班，总有我不喜欢的学生。但我会尊重他，不会冷落他，漠视他。"温暖的老师会让学生们的心也跟着温暖起来，只有自身温暖的老师才能教育出温暖的学生。做一名好老师真的不需要技巧，那些平平常常的琐事里只要我们能站在学生的角度思考问题，宽容、尊重他们，每天微笑着走进教室，微笑着转身，就会彼此喜欢，就会幸福着彼此的幸福。

《童年的消逝》是美国媒介文化研究大师尼尔·波兹曼的作品，波兹曼详细叙述了人类历史怎样从没有儿童的时代一步步走向童年的摇篮期、兴盛期和消逝期。在叙述中我注意到两个关键词语——"印刷术"和"电视"。在波兹曼看来，印刷术是童年出现的根本，因为它使知识学习的普遍成为可能，而这种可能最终导致了知识的学习出现层次性，于是不识字的儿童凸显在了人们面前，人们也终于发现了儿童与成人的差异——成人掌握着儿童所不了解的知识。于是儿童的概念得以提出，儿童也开始享有这个年龄段应该得到的保护。儿童走向成年应该具备的一系列能力也引起了人们的重视，如活跃的个性意识，有逻辑、有次序的思考能力，能使自己与符号保持距离的能力，能操控高层次的抽象概念的能力，延迟满足感的能力和自我控制力，而这些能力是靠长期正规的教育才能得来的。

电视是导致童年消逝的罪魁祸首，在我看来，现在还包括与互联网相融合的新媒体，比如电脑、手机。"整个世界信息泛滥""6岁的儿童和60岁的成年人具备同等资格来感受电视所提供的一切""支离破碎和连篇累牍的播映方式使新闻像缺乏明显特征的溪流从我们的头脑中洗刷过去，催眠着人们，使人们的理智和情感变得迟钝"成人已经失去了大部分的权威和光环，尊敬年长者的想法变得荒谬可笑"。科学的发展和社会的进步使新媒体与生活的结合越来越紧密，谁也无法阻止科学进步的脚步，波兹曼认为他完全无法解答怎样才能阻止童年的消逝，其实沉睡于地下的他可能不知道自己在书中已经给出了答案，"如何维护童年的概念，有赖于信息管理的原则和有序的学习过程"。

阅读往往会让我们跳出迷局，以第三者的视角客观看待我们身处的境况。如果说这本书成功唤醒了对新媒体的警觉意识，那么请用阅读谨慎保护和捍卫我们身边的童年。波兹曼的观点给了我启发，于是我在班中发出倡议，成立"爱书人书友俱乐部"，《摆渡人》《平凡的世界》《明朝那些事儿》《杀死一只知更鸟》《狼图腾》《把栏杆拍遍》《欧·亨利短篇小说选》……我列了一大串书单，俱乐部阅读就此开启。《摆渡人》是我与孩子们共读的第一本书，迪伦和崔斯坦的年龄与孩子们相仿，正是对爱情有着朦胧幻想的年纪，看似是两个少年的无私的相互帮助，其实也告诉了我们很多道理："若命运是一条孤独的河流，谁会是你灵魂的摆渡人？""如果我真的存在，也是因为你需要我。"或许他们的语文成绩并没有飞跃式的提升，但他们的心灵却日渐丰盈，这难道不是阅读最好的回归吗？

著名特级教师于漪老师曾说："干教育是良心活儿，一个成人的所作所为影响着未成年人的人生走向和对生命价值的认知，决策者略有偏颇，就可能影响到几代人。"人生是无法打草稿的，教育者应该对孩子的生命怀有敬畏之心，人为形成的缺憾有时一辈子都弥补不上。如果没有心灵的放飞，没有思想的驰骋，没有纵情编织家国情怀的美好梦想，青少年未来何以挑起家国的重担呢？

结语

那一本本历经岁月冲刷的书，很重，不耀眼，却能让人由内而外散发出迷人的魅力。你能够想象到：在结束了一天忙碌的工作后，在做完家里烦琐的家务后，静坐桌前，听一曲安然的音乐，品一盏透绿香茗，读一篇恬淡文章，写一些心中所悟，是怎样的安逸，怎样的脱俗。清风朗月，水滴石穿，一年几年读下去写下去，那美好的姿态便如水波般在心中粼粼漾开，原来，人所有美好的姿态都是因为和书籍生活在了一起。

（原文发表于《教育视界》2021 年第 10 期）

坚持三个"守住" 写好育人故事

美好的故事每天都在发生，我每天跟几十个孩子一起分享成长的心酸与欢乐，一起感受彼此的喜怒哀乐，一起见证生命成长的奇迹。记录教育故事，反思教育现状，形成教育理念，沉淀提升自我，是每一位班主任成长的必经之路。那么，如何才能写好育人故事呢？

守住本心，记录故事真相

育人故事贵在真实。真实记录故事发生的经过，写下亲身经历的感受，不能有任何演绎，更不能隐藏真实的想法，这对叙事者来说是很难的。大家都是凡人，都会有本能的自我保护反应。例如，小男孩将虫子装进小纸盒带到了教室，盒子打开的瞬间老师大惊失色，小男孩兴奋得手舞足蹈，班上的部分同学也跟着起哄大笑。此时，老师本能的反应可能是对虫子的恐惧，可能是对带虫子的同学的恼怒，甚至是对起哄的同学的迁怒。这也是事件问题的焦点。而教师在记录过程中担心影响自己的形象，有可能会刻意隐瞒自己真实的感受。这样就会大大影响育人故事的真实性，失去了抓住问题的本质探寻真相的机会，让读者不能感同身受，不能引发深入的思考。

育人故事的描述要有细节、有过程，要注重故事情节的可读性。这就要求老师们在叙述育人故事时尽可能做到生动刻画细节。例如，老师看到虫子后的第一反应是惊恐地退步、投去责备的目光，甚至可以来一段心理描写，这样可以增强故事的感染力和说服力，引起读者的共鸣。将心底最真实、最本真的想法和做法生动地、不加任何虚构地描述出来，记录故事的真相，这是育人故事能够引人入胜的根本。

守住真心，探寻问题根源

撰写育人故事的过程本身就是自我梳理的过程。我们在处理突发问题时，有时可以生成教育智慧当场解决问题，有时难免会有些遗憾。在问题圆满解决后，既要记录处理问题时智慧的一面，也要思考是否还有更好的解决策略和方法，并进行归类整理，如果再遇到类似问题就会有成熟的解决方案。如果事情处理不圆满，要认真分析处理过程中的欠缺或失误之处，吸取教训，总结经验，为今后处理同类问题做好准备。撰写育人故事时，要力求叙事完整，呈现学情分析、问题诊断、策略选取、方法使用、困难突破、解决结果等内容。

例如上面的男孩子带虫子进教室一事，老师意识到自己失态后镇定下来，着手分析问题：孩子是故意吓唬老师，还是好奇心重，想看看老师怕不怕虫子？这些都是有可能的，所以老师要有问题意识，要抓住故事的矛盾点去探寻问题的本质。问题的结在孩子身上，解铃还须系铃人，所以还需要从孩子身上寻找突破口。通过询问，老师了解到孩子带虫子来教室是要在"介绍我的朋友"环节中，以"朋友"的身份向大家介绍虫子，并无冒犯老师之意。这个原因出人意料却又在情理之中，还能引人深思：为什么孩子最好的朋友是虫子呢？孩子如数家珍地介绍："我家里还有好多小动物，仓鼠、蜥蜴、蟾蜍……因为怕吓着大家，所以就选了一个最可爱的虫子来给大家介绍。"由此谜底解开了，动人的故事也开始了。此时，老师可以推荐他看法布尔的《昆虫记》和《我的动物朋友》，鼓励他给自己的动物朋友建立成长档案，拍照记录精彩瞬间，还可以与要好的同学一起成立"金蟾研究小组"，创办科普讲座，开展系列实践活动。

守住初心，谋求共同成长

教育的本质是促进孩子生命成长，教育也是教学相长的过程，老师在撰写育人故事的同时，着眼点不能仅停留在写个人感人的故事的层面，也不能仅停留在总结工作经验、形成教育理念的层面，还要故事中融入对专业成长的创新性思考。

在"带虫子的小男孩"这个故事中，老师能够俯下身来听取孩子的想法，尊重孩子个性的发展，为孩子搭建展现优势的平台，带动周围同学的兴趣发展。同时，从老师个人发展的角度来看，能够控制住自己的情绪也是专业成长的开始。老师能够及时转变态度，尊重学生的个性差异，不仅有助于学生的成长，也有助于老师个人的专业成长。

教师既是讲述故事的主体，又是问题探究的主体。在叙述的过程中回放自己的历程，在反思中去探索更专业的解决问题的方略，正所谓：是故学然后知不足，教然后知困。知不足，然后能自反也；知困，然后能自强也。育人故事的叙述就是自知、自省、自强的教学相长的过程。

此外，还有一些细节需要注意：育人故事的篇幅较小，一般在1 500字左右，在如此短小的篇章中要把事情的经过说清楚，还要把其中蕴含的道理分析透彻，与相关的教育理论相链接，这就要求叙事者有一定的语言功底和逻辑思维能力，还要有理论知识做依托。想写好育人故事，既要有敏锐的观察力，注重对日常工作的随手记录和积累，还要在日常的写作中刻意练习，做到叙事简练明了、情节真实生动、故事富有感染力。另外，要多读相关的理论书籍，专业阅读才会有专业写作。

好的故事每天都在发生，关键在于记录者能否记录真实情感、真心挖掘故事的问题点，守住初心，以生为本寻找教育契机，根据教育理念生成发人深省、启迪智慧的好文章。

（原文发表于《德育报》2023 年第 1724 期）

写作，遇见更好的自己

杨雪梅

　　如果用时间把我的教育生活划分为两部分，那么2016年就是一条无法抹去的时光坐标轴。

　　这条轴的两边，是我完全不同的两种人生。

　　2016年之前，我有着太多的困扰：身为特殊教育教师，遇到职业发展瓶颈，环顾四周没有方向，茫然失落……更令我焦虑的是，面对职称评定，面对种种评优、考核，我的手里居然连一篇发表过的文章都没有。写，我不会，除了学生时代的作文、工作中的总结、零散的日记，我从来都没有正儿八经地写过什么文章；求人写，张不开口，似乎也无人可求。甚至有数次，我动了花钱买文章的念头，只是这样的门路，我也没有找到。

　　2016年初那个寒假，在各种求而不得的失意中，我感到有些绝望，陷入了情绪的低谷，曾打算放弃一切挣扎，彻底用"混"的状态打发时日。一个百无聊赖的清晨，我打开手机漫无目的地在网上游荡，猝不及防地，一个人的文字将我击中："你有多久没写作了？还记得在日记本上写出的第一段话吗？还记得在QQ空间写日志的那段时光吗？还记得在各种网站上开通过的那些博客吗？……我们发起 30 天持续写作挑战，你什么都不需要投入，除了一颗敢于挑战自己的心！"王维审老师的这封"挑战书"是带有神奇召唤力的，顺着这段文字，我找寻到了更多振聋发聩的句子："每天进步一点点，是一份近乎柔弱的坚强，你只要确定每天都比昨天更好一点儿，人生就能朝更好的方向前进。""在追求成长的道路上，你可以眼望别人，但在内心里，你只需要照亮你自己！"……这些文字，似一位久别重逢的故人，敲击着我麻木的灵魂，又如同一见倾心的智者，轻轻触拨着我的心弦。在泪流满面中，我发现选择放弃是一个多么愚蠢的决定。

文字，原来是有温度、有力量的！如果一段陌生的文字都能瞬间就触动自己的内心，唤醒自己，那么我自己写出来的东西会不会更能排遣心中的苦闷？会不会更有改变自己的力量？会不会也能带着我走向一个未知的远方呢？带着这样的好奇，我拿起了手中的笔。

刚开始写作时，确实比较困惑和艰难，幸好我读到了周国平在《各自的朝圣路》中的一段话："不知写什么？那就把工作中的鸡毛蒜皮用文字梳理出来而不是用嘴巴发牢骚吧；不知怎么写？那就告诉自己遵从内心随性去写；不知道像不像一篇文章？那就挑剔一点反复品读，把它当成别人的文字；不知道如何提炼升华，那就努力追问形成一些自己的观点……"在思路阻塞、笔底艰涩时，我就常常用这段话鼓励自己坚持下去。周国平还说："我写作从来就不是为了影响世界，而只是为了安顿自己——让自己有事情做，活得有意义或者似乎有意义。"这句话也让我明白了写作的意义，我的写作也不再是为了评比或某些荣誉，我只想让自己活得充实一些，不颓废；我只希望自己向前走去，只管耕耘，不问收获。

事实上，在我义无反顾地拿起笔的那一刻，收获之果也在悄然酝酿、成熟。2016年4月，我在杂志上发表了人生中的第一篇文章，如今我在各类报纸杂志上发表的文章已达到70篇。随之而来的是，我还成为杂志封面人物、特约记者、专栏策划、金牌作者等，但这些都是无心插柳的结果。在努力前行的路上，我不仅找回了迷失的自己，还发现了一个未知的自己，那个自己，在用笔诠释着坚定与坚持的力量，也用笔刻画着别样的美丽。

很多人会惊叹我在短时间内就收获了这些成绩。其实，对于我来说，有一种收获却不是发表的文章数量能体现的。在这段时期的坚持中，我发现写作是一种更系统、更成熟、更趋近于理性的思考过程。多了这种思考，在面对教育环境的纷繁芜杂时，我就多了一份敏锐的洞悉力，从而让自己不忘初心；在面对寻常的教育现象时，我会透过表象窥见内里的深邃；在面对孩子的种种问题时，我开始多了些换位的体察和柔性的理解；在面对生活的琐事时，我会捕捉到教育的契机，找寻到育人的微妙之道。

班上有一个家庭贫困的小男孩，别人吃零食的时候他只能眼巴巴地看，那种眼神刺得我心疼。我曾经兴冲冲地为他买了很多零食，可孩子却连连拒绝。同事告诉我，这样的孩子又馋又死要面子，不用理他。可我却觉得事情并没那么简单，我在把这桩小事写下来时，似有所悟，于是换了种方式，把那些零食变成孩子们活动的奖品，小男孩获奖了，马上欢喜地领走了属于自己的那一份。这只是一件寻常的教育事件，但将其转换成文字后带给我的启迪是巨大的。小男孩的故事告诉我：有一种爱，适合捧起来变成阳光，映照焦渴的心灵；而有一种爱，只有低到尘埃里，方能流淌出脉脉温情！

在与同事闲聊中，她女儿对班主任的怨气也成了我写作的素材：老师让孩子捐赠一些旧的东西，孩子忘了，第二天，老师不问青红皂白地批评孩子没有集体观念；跳绳比赛选拔，老师嫌孩子跳得不好，对孩子轻视……这些可能只是孩子单纯的吐槽，可能只是家长对班主任工作方式的不认同，也可能只是同事们对于教育工作难以开展的感叹……可是，当带着思考把这些零散的素材加以归纳、分析时，我就有了别样的收获：老师的手中其实握着一把神奇的钥匙，若是有一颗随时关注、随时洞察的心，它就是一把万能钥匙，能巧妙地让孩子敞开心扉拥抱你；若只关注结果而忽视了教育的细枝末节，那么你永远都只能被学生拒之"心"外！写，让寻常的事情有了发人深省的教育价值，也拓宽着自己的教育之路。

写作，并不能让我摆脱繁杂事务的纠缠，却让我离"明师"越来越近：自己内心变得澄明，思路更加清晰。

我很感激写作，它让我不再迷茫，让我重新构建起了强大的心灵堡垒；我也很庆幸，在文字的引领下，在写作的过程中，我遇见了那个更好的自己。

（原文发表于《江西教育》2018 年第 1 期）

读写，做一颗时间的种子

张　健

"张健，最近怎么没见你的文章？"夏老师问。我心头一热，没想到夏老师一直在关注我更文呢。

"阿牛老师写作营的活动结束啦。"我一身轻松地回答。

"坚持写不容易，最好别停。我给你推荐个老师，她带领了一个读写团队，水平特别高……"

人生若只如初见

就这样，我与杨老师结识。"每个月共读一本书，每周交一篇教育随笔，每月写一篇读后感。你能坚持吗？"她详细地向我介绍着团队的规定。

经过一周的考量，我终于走进了这个充满能量的团队。

加入团队后，我才真正了解杨老师，她曾是特殊教育学校的老师，笔耕不辍，创造了一年发表 200 余篇文章的传奇；她带领近 70位老师，以读写开辟了教师专业成长之路……

了解之后，我颇为震撼，震撼于杨老师的专注和坚持，更震撼于一个团队的巨大力量。

虽然我并非荣成的老师，但团队的老师们都特别热情地接纳了我。一时间，我充满了读写的激情和斗志。

见贤思齐的历练

当激情如潮水般退去，坚持的勇气更显得弥足珍贵。每周交一篇教育随笔，难度尚小。但当我向杨老师申请加入班主任读写团队之后，难度陡然增加。

每周，杨老师会发布编辑部征稿的话题，少则一个，多则两三个。而且每个话题都是全新的挑战。诸如"新媒体下的教育创新""攀比""班徽""家校矛盾"等。面对有些话题，我常有老虎吃天——无从下口的感觉。

开始，面对陌生的话题，我没有交稿，杨老师关切地问："是不是没写？如果觉得困难，就还在大团队吧。在班主任团队，每个话题都要尽可能去写。"我心里摇摆：在大群里，每周交一篇教育随笔非常轻松；但转念一想，我加入团队，不就是为了挑战自己吗？

于是，面对从没有接触过的话题，我去查阅书籍，搜集信息，然后磕磕绊绊地写下来。

这个过程是痛苦的、煎熬的。困难的时候，我为自己打气："这不正是在走上坡路吗？"想要放弃的时候，看到团队公众号的文章，多么温暖、睿智的文字，这不正是我的学习目标吗？特别是在团队微信群，时不时地，杨老师便会 @ 哪个小伙伴，被 @ 到的小伙伴一定是发表文章了。我们都期待着被 @，这就是等待的甜蜜吧。发表文章的小伙伴会在群里发红包，大家都喜欢抢红包，但更喜欢发红包。

在团队里，每个人都被裹挟着前进，每个人的力量融汇在一起，那是一道闪亮的光，那是一江奔流不息的春水，那是一片汹涌澎湃的海……这是孑然一人去读写所无法比及的。

走进团队的大咖，杨雪梅老师，每月见诸报端的文章纷至沓来，她的文章立意高远，选点新奇；卢桂芳老师，对班级管理工作颇有见地，文笔老练；王迎军老师，为人谦和、温暖，她的文章视角独特。杨老师发自肺腑的一番话特别打动我："相信坚持的力量。"团队里的哪个老师不都是这样坚持，才硕果累累的呢？

我深知，要实现从量变到质变的飞越，需要坚持并要有深入的思考。团队不看重一时的中与不中，简单而单纯地去写就好。

把心安顿在读写中

从 2019 年 11 月中旬加入团队以来，同频共读共写。

读《苏东坡传》，我尝试着从心理学角度解读苏东坡；读《做有温度的教育》，我了解到"教己育人"的教育感悟；读《陶行知教育文集》，我重温了陶老先生"知行合一"的教育理念；读《傅佩荣译解大学中庸》，在经典中汲取到了能量；读《人间有味》，我在汪曾祺先生的文字里，感受到了一茶一饭的滋味；读《共情的力量》，我发掘了共情在教育教学中的应用。

为了写作，我还翻阅了《班主任之友》《中小学心理健康教育》《班主任创意市集》等杂志、书籍，这也让我对班级管理有了新的认识。

学而不思则罔，思而不学则殆。读写结合，才能让阅读更有批判意识，思考更加深入。加入团队的日子，我已写下四十余篇文章。虽然有些文章未能发表，但有节奏地读写已融入我的日常生活，已然形成了以写促读、以写促思、以写促行的良性循环。

通过这段时间的刻意练习，我写文章的立意、条理有了一定的提升，也敢于尝试新话题了，写作的速度也提高了。读写，让我去思考班级管理和语文教学中更深层的问题，并付诸行动，开展更具特色的活动。

哲学家维特根斯坦说："我贴在地面步行，不在云端跳舞。"在团队里，我们做一颗时间的种子，扎根土地，突破成长的枷锁，经受住日复一日、年复一年的成长过程中的痛苦，逐渐成长为自己最美的样子。

（原文发表于《威海教育》2020 年第 1 期）

常在花间身自香

刘春平

前天给公众号写简介时，突然有了几个令自己惊喜的发现：首先，讲台这方寸之地，我竟然已经站了 30 年；其次，30 年过去了，我竟然依然喜欢上课，依然喜欢和孩子们在一起的时光。最后，30 年，竟然没有磨光我对工作的热情，我没有所谓的职业倦怠，依然能够从这份工作中享受到快乐。这，不也是一种幸运吗？

顺着幸运这道垄，我的思绪竟然如初秋的牵牛，一枝藤蔓，数朵花开。

执教 30 年以来，我似乎真的很幸运，在每个关键节点上都有恰好的人和事在引领着我，让我在轻松完成时空转换的同时，也恰好完成了某些角色的转换，实现了自我成长。

幸运一：一群人，引领我走上读写之路

刚刚工作的时候，我只有 19 岁。在那个青涩的年纪，除了勇气和激情，别的优势寥寥无几。面对教材，我常常有无法言喻的恐慌。但幸运的是，我有很多非常优秀、非常喜欢读书的同事，王丽敏老

师喜欢订《读者》杂志，受她影响，当时语文组几乎人人订阅《读者》。李传伦老师喜欢看经典名著。我家有本老舍的《正红旗下》，当时我不大看得懂，便假装说不愿意看，拿给李老师，他竟如获至宝。他看过之后，详细地和我交流了读这本书的心得，只是我那时不懂得珍惜，交流的内容现在已经没啥印象了。

最令人称奇的是王艳芬老师。她读书的范围特别广泛，几乎不受题材和内容的限制。梁羽生、金庸的武侠系列，琼瑶的言情系列，三毛、毕淑敏的散文系列，中国的、外国的经典名篇，她都爱看。她不仅爱看，还爱抄，遇到喜欢的片段，必得摘抄下来。她也喜欢写，每过一段时间，她都能收到各种各样的样报样刊。她教两个班的数学，备课、批作业，加上看书、抄书、写文章，在那个完全靠手写的时代，这些事情已经占据了她所有的工作时间，所以办公室总是忙得不亦乐乎，她没时间聊天或干别的。

现在想来，刚刚毕业的我还太青涩，身处这样一群热衷于读书、执着于自我成长的前辈当中，受到积极的影响是毋庸置疑的，他们无疑是我成长路上遇到的第一批贵人。他们在我刚刚觉得知识储备匮乏的时候，用自己的行动告诉我，要怎么做才能迅速有效地弥补。他们在我刚刚开始工作，还没有形成工作习惯定式的时候，用行动无声地告诉我，一个教师，应该具有什么样的工作习惯，应该保持一个什么样的工作和学习的状态。我的前辈，给了我最好的引领。这份幸运，我觉得不是每个初登工作岗位的人都有的！我正是从那时开始订阅《读者》，到现在已订阅了 30 年，从未中断过。每晚睡前翻看《读者》，现在成了我们家每个人的习惯。我每年都会自费购买一些专业的或者喜欢的书籍，利用业余时间看完，也做做笔记。我不聪明，但经年累月的积淀，也足以让一个资质平庸的人发生一些改变。这些积淀让我的教学语言能够更加简练而优美；广泛的阅读让我面对各种赛课优质课时，能有更多的创意。工作的第一个十年，我多次参与语文优质课和公开课比赛，也因班主任工作的突出业绩，多次获得各级各类荣誉称号，我无法衡量这些成绩的取得到底与读书有多大的关系，但我相信这一定是有关系的。

幸运二：一群人，激励我再续读写前缘

自 2006 年开通博客之后，开始将读与写相结合。到 2012 年，我已写了将近 500 篇博文，其中近二十篇在国家级、省级、市级报刊上发表。

也许是因为人到中年，再加上那个时候读写的人并不多，倦怠加孤独，我开始慢慢迷失。依旧读书，但不再用心而迫切，至于写作则完全终止了。自 2013 年之后，我没有再写过一篇文章。

2017 年，为了有效引领教师实现专业成长，我们学校由副校长牵头，发起建立了学校读书写作团队。当我在征募通知中看到那句"一个人走，或许你会走得快；但只有一群人走，你才可能走得更远"时，突然有一种温暖的力量，驱散了我曾经的孤独。曾经从文字中获得愉悦的那种感觉，瞬间在我的身上重现了。我毫不犹豫地

报了名。

　　事实证明，这样做是多么明智。加入团队后，我与伙伴们相约一起读写，虽然确实忙碌了些，但生活和工作开始有了方向和期待，也不再受颓废情绪的困扰。好多同事都说我变了，越来越靓丽了。我也确实很开心，感觉自己年轻了很多，每天欣赏一下伙伴们的作品，一起相互品评一下作业，感受着彼此在一天天成长，真成了我一天中最美好的享受之一。团队里四十个伙伴，每天都有不少于半小时的读写时间，看一看书，做做笔记，写一小段读后感，即使是过年和除夕也不停歇。如今回头一看，真的是一笔不小的业绩和惊喜，实实在在地惊艳了自己。

　　我很幸运，在我刚刚想放任自己萎靡和颓废的时候，学校领导发起并组织了这个读书写作团队，让我在读写的路上有了来自领导以及身边同事的支持，成长的路上，终于不再孤单。

幸运三：一群人，陪伴我实现读写飞跃

　　为了帮助我们认识到读写在成长中的价值，以及学习规范的读写方法，学校邀请杨雪梅老师来学校做了专场报告。杨老师的报告特别精彩，让我深受震撼，她最后和我们分享了蔡康永的一句话："如果永远只看合乎你想法的书，你永远只会知道你已经知道的事。"这句话好像是专门和说我的一样，我一直喜欢读历史方面的书，而且只读历史，几乎不曾认真读过诗词文学、教育随笔等。我茅塞顿

开，也知道了自己今后要努力的方向。所以真的很感谢杨老师，如果没有那场报告，可能我还在故步自封地读我喜欢的那些历史书。

之后，我加入了荣成教育雪梅读写团队，在团队组织的"写到哪里去"的线下活动中，我提出了"不做班主任，缺少教育叙事写作素材"的困惑，王维审老师和杨雪梅老师提出了可以写教学反思、课堂教学叙事的建议，让我思路顿开，写作范围由此拓宽。在这个充满着火一样的读写热情的团队里，每周一篇教育叙事，每月一本经典书籍，每月一篇读后感，让我的业余生活充实而快乐，忙碌而自豪。自 2019 年 4 月加入团队，到现在不足一年的时间里，我就写出了约二十万字的各类文章，有近二十篇在国家级、省级刊物上发表，还有十多篇在多家公众号推出。

我很幸运，在我刚刚想重拾读写的时候，有这样一群领导和同事帮我拓展空间，开阔思路，相伴相携，共克难关，前行路上给了我源源不绝的力量源泉，助我在读写之路上实现了新的飞跃。

幸运，真的从未远离我。

周一升旗，身边的一个同事好奇地问我："姐，你用的什么牌子的香水？真好闻，有一股淡淡的菊花的香气。"

我笑了，哪里是香水？我从来没有使用过香水。但我喜欢菊花，也常年在卧室里放上一瓶新鲜的雏菊，久与菊花为伴，自然染上菊花的芳香。

我的这些同事和伙伴不正是我成长路上的菊花吗？他们绽放着自己的光芒，也让一路同行的我，不仅分享了属于菊花的那一丝淡淡的清香，还让我浸染上了那种只属于菊花的独特品质。

零落黄金蕊，虽枯不改香。

深丛隐孤秀，犹得奉清殇。

（原文发表于《教师博览》2019 年第 8 期）

一个人的突围　一群人的成长

杨雪梅

一直以为，被命运之神丢到了特殊教育的荒原，就注定了我要在浑噩与无奈中走完这一生。可慢慢地，我发现，只要我不放弃希望，希望就不会将我抛弃。

心有不甘的挣扎

教师成长是一个与心动、与行动息息相关的话题，可于我而言，这条成长之路却那么坎坷而漫长：十六年，我竟然用了整整十六年的时间，才在挣扎中寻觅到一个方向，然后以近乎爆发的方式实现着自我的成长。这个方向，始于无助，却缘于文字。

1999年，18岁的我被分配到了荣成市特殊教育学校工作，拥有了一方特别的讲台。这个消息，如同平地一声惊雷，在我的生活圈里掀起了轩然大波。"听说那所学校的学生连话都不会说，咱是正常人，怎么能去那里工作呢？"父母忧心忡忡："邻村有个吃喝拉撒都成问题的'小傻子'就在那儿上学，你哪里是要做老师嘛，明明就是去做一名保姆。"邻居议论纷纷："至少学校还是在市区，可以想办法慢慢往外调动呀!"曾经的班主任这样宽慰我……

其实这些还不算什么。工作几年后,当与同是中师毕业,却已在各自的教育舞台上大放光彩的同学相遇时,当他们一个个意气风发地谈论着自己因教学成绩突出、赛课表现精彩而各种荣誉加身时,我才发现,同处教育田野,别人的土地是那么肥沃丰饶,而我的地头却干涸而又贫瘠。

其实荒芜也不是我失落的全部。当我发现自己花费近十年时间带出的学生,可能连十个数都数不全、连名字都不会写的时候,当发现自己的教育圈子与别人格格不入,甚至连与外界沟通的机会都没有的时候,那种失望才真的难以言喻。曾经有一位家长闯进教室,对着我大嚷道:"杨老师,我对我儿子没什么大的要求,你一个小中专也不可能培养出什么大学生,我只希望他将来能像你一样当个小老师就行了……"而他的儿子,有着严重的智力障碍。他的话让我目瞪口呆了好久,那时,我深深地感觉到——自己真是年华虚度,空有一身疲倦!

我意识到:如果一直闷在这样的圈子里,终有一天,我会把自己熬成一个外表完好却内里空虚的废人,我需要成长!可是环顾四周,我又是迷茫的:在教学上,每天的工作内容都是机械重复的,连与普通学校老师同场切磋的机会都没有;在班级管理上,尽是鸡毛蒜皮,又毫无教育智慧可言;渴求引领,可周围的人似乎更乐于在无欲无求的状态中安然度日……时间以年为单位飞速流转,可人,除了皱纹的添加、白发的浮现,回头望去,竟连一丝波澜都不曾泛起。我以为，自己会永远在不甘中挣扎，寂如死灰。

阅读写作生发的奇迹

幸运的是，在即将彻底沉沦的日子里，两段文字照亮了我的人生。第一段来自邮箱，一位编辑说："杨老师，很抱歉我们杂志不能采用诗歌体裁的文章，但细细读来，发现您文笔优美，情感细腻，欢迎您向教育叙事栏目投稿！"阴冷的冬日里，那封陌生的回信瞬间将我的心灵焐暖了，原来，我也并非一无是处。另一些文字来自一位老师的博客，他说"读书让教育不断丰盈，写作可以让教师灵魂深处最丰饶的部分得以深度开垦"；他说"脚踏实地，一步一个脚印走下去，收获和成长就会在缓慢的积淀中越来越高"；他还说"在追求成长的道路上，你可以眼望别人；但在内心里，你只需要照亮你自己"……这样的文字是一种力量，我沉寂太久的心一下子就活了起来。我开始读写，想试试坚持下去会发生什么样的改变。

2016年3月，从未读过一本教育专著的我开始了艰涩的捧读生活。阿德勒的心理学力作《儿童的人格教育》便是我读的第一本书。老实说，书中那些枯燥的近乎干涩的文字曾令我恹恹欲睡，那些陌生的前所未见的心理学名词更是令我望而生畏。

不想让自己还没起跑便停滞在了线前，于是，我决定逼自己一把：碰见不懂的专有名词，就及时上网查询，不在自己的心里留下任何一个"死结"；读到难以理解的章节，我会静下心来一次次从头翻阅，帮助自己走出当下的逼仄；遇到予我启迪的文字，我会反复品味，并及时加以誊抄整理，为自己的阅读留痕……

一个月，一本书被我反反复复啃了三四遍。轻轻合上书卷，才发现书中的理念已于不知不觉中幻化成了头脑中储存的一部分。原来，"我们之所以追求优越感，追求完美，就是因为我们本身不优越、不完美，父母或教师的任务就是把这种追求引向富有成就和有益的方向，引领着孩子们在'自卑而超越'中成长"；原来，"在孩子成长的路上，童心是最好的教育，呵护童真是我们最应该做的事"……说不清这些句子是源自书中还是源自我读书后的感悟，但我却庆幸自己没有在最困难的时候选择放弃。因为，再次面对孩子们的成长时，我已经懂得了要多去看看成长背后的另一面。

也正是从那个时候起，从没发表过任何文章的我开始拿起了手中的笔，记下了自己与那群特殊孩子相处的点点滴滴。刚开始写作的日子，确实是有些艰难的。不知写什么，我就把工作中的鸡毛蒜皮用文字梳理；不知怎么写，我就告诉自己遵从内心随性去写；不知道写得怎么样，我就挑剔一点儿，把它当成别人的文字反复品读；不知道如何提炼升华，我就试着让自己在努力追问中形成一些思考和观点……周国平在《各自的朝圣路》中有一段话，我那时常常读给自己听，他说："我写作从来就不是为了影响世界，而只是为了安顿自己——让自己有事情做，活得有意义或者似乎有意义。"我的写作，也不再是为了评比、荣誉，我只想让自己活得充实一些，不那么颓废；我只希望自己向前行走，不问收获。

在我义无反顾地拿起书和笔的那一刻，不曾预料到我将会捧起一个奇迹。2016 年底，当我站在时光的节点上盘点即将过去的那一年时，我被自己吓到了：十个月，我在各类教育报刊上发表了近 70 篇文章。这种突破，是我在过去十六年的教育生活中不敢想象的；可从 0 到 70，却是我在不问收获的写作之路上用十个月的坚持轻松完成的。

原来，只要勇敢地把脚迈出去，坚持走下去，收获肯定会到来；原来，只要找到属于自己的方向一路向前，只要耐得住寂寞冷清，顶得住非议和压力，就可以突破重围实现成长。至今，两年半的时间里，我发表的文章已经有 200 多篇，杂志封面人物、特约记者、专栏策划、专题讲座等，许多我做梦都不曾想过的机会也纷至沓来，自己的个人专著也即将出版。在努力向前行走的路上，我不仅找回了迷失的自己，还发现了一个未知的自己。那个自己在用笔诠释着坚定与坚持的力量，也用笔刻画出别样的美丽。

很多人惊叹于我竟能在短时间内取得这些成绩。其实，对于我来说，收获的价值要远远高于这些发表的文章。在不曾停息的读写坚持中，我学会更系统、更成熟、更理性地思考教育中的种种问题。带着这份思考，在面对教育环境的纷繁芜杂时，我的内心会多一份敏锐的洞悉和纵深的反思；在面对寻常的教育现象时，我会小心地透过外表的浮浅找寻到内里的深邃；在面对孩子的顽劣调皮时，我开始多了些换位的体察和柔性的理解；在面对生活的琐碎零散时，我会捕捉到教育的契机、找寻到育人的微妙之道……

阅读和写作，让我那片贫瘠而荒芜的特教土地上开出了一朵朵美丽的花。

一个团队的快速成长

2017 年 9 月，一场关于教师"专业阅读与写作"的主题讲座，让我突然在荣成这个小城的教育圈内声名鹊起。在大家看来，这个来自特殊教育学校的老师用一支笔支撑自己，跳出了闭塞狭促的小圈子，创造了一个成长的奇迹。一时之间，跟随者众多。他们说："杨老师，之前一直以为得到领导的认可、磨出几节能参赛获奖的课或受到表彰奖励就是成长了，现在才明白，没有深度反思的成长也不过是浮光掠影罢了。""我一直都知道教育写作对于老师来说非常重要且必要，但是没有氛围、没有方向、缺少指导，我变成了行动上的矮子，您可不可以带着我走？"……原来，成长与挣扎之心很多人都有；原来，大家缺少的是引领与方向。如果我能以自身微弱的光芒照亮更多老师的成长之路，再以老师们自身的成长成就孩子们的成长，那么这努力就会更有价值吧。

2018 年元旦那天，大家都沉浸在节日的轻松与惬意中，我却分外忙碌。荣成雪梅读书写作团队成立仪式暨第一期线下活动在市第一实验幼儿园里举行了。那期活动主题我定为"向心而行"，老师们带来的是自己渴求成长的心情故事。那些故事里，有遇见后寻得方向的清朗，有坚持下犁笔开花的喜悦，有行走中心有所向的充实，有行为中柔性改变的收获……当一段段成长心语有了触动心灵、予人力量的光，越来越多的人开始循着这束光走进了我的团队。

随后的日子里，带着关于"成长"的美好愿景，我带着我的团队坚持每个月共读一本教育书籍，并结合阅读内容进行聚焦式探讨；每周至少写一篇教育文章，我会逐一阅读，发现写作中的问题并及时予以回应；教育中遇到的困惑和疑虑，大家也会随时交流研讨，在思想的碰撞中提升工作智慧。同时，阅读方法、读书感悟、写作技巧、故事提炼、案例研讨、成长规划等不同的研讨主题也都被列入了我们团队的线下活动计划中。在一次次的品读和研讨中，慢慢地，大家养成了认真阅读、敢于质疑、互相争辩的习惯；在观点的对立与碰撞中，大家也学会了深挖问题，主动思考。

6月底，我们获悉了这样一组数据：据不完全统计，2017年全年，荣成市近六千名老师发表的教育文章数量为179篇；但2018年前六个月，荣成雪梅读书写作团队四十余人发表的文章数量已有130多篇。于是，很多人羡慕地说："发表这么多文章，你们赚大了！"我和团队老师们相视一笑，没有过多言语。其实，在内心里，我们都明白，自己最大的赚头绝不是在这些发表的文章数量上，而是在所有人都习惯于原地踏步时，我们早已于成长的路上一往无前。

更重要的是前行途中，面对教育，我们开始有了挺立其中的底气，那种底气来自扎根文字的深度思考；面对孩子，我们开始有了陪伴成长的力气，那种力气源于不断丰厚的底蕴；面对自己，我们开始有了敢于打破的勇气，那份勇气是来自蓄力之后强劲的拔节。其实，我和我的伙伴们的所有蜕变与重生，都只是因为阅读和写作!

身为特教老师，我曾经无数次抱怨成长之难，后来才发现，真正的成长不是用光环与荣誉来粉饰自己，而是通过思考知道自己该做什么，可以去改变什么。一个人突围，一群人成长，如果我仅仅是一点星星之火，那么我相信，未来，我的团队将会以燎原之势点燃更多生命的成长热情，并在教育之路上留下最炙热的温度。

（原文发表于《师道》2018 年第 11 期）

后记

众人拾柴，方能燃起成长的燎原之火

　　威海教育名家雪梅班主任工作室成长书系全部交稿后，如同审视着一颗历经了漫长时光孕育才终于萌芽的种子一般，我竟喜极而泣。真的，有什么能比得上一路耕耘一路收获这种踏实的体验更令人幸福和感动呢！

　　围绕着新班接手后的建设行动、家校共育的力量凝聚、学生成长的心灵关照、班级故事的意蕴解读、班主任的成长突围这五个层面，工作室三年多的研究成果终于能够以一种相对系统的方式被细细梳理和呈现。我们的初衷很简单，希望能为有带班困惑的老师提供一些方法上的借鉴，希望能为渴望成长和突破的班主任提供一些行动上的参照，希望能为卓越班主任共同体的发展提供些许启迪，最终让班主任这个群体中成长的星星之火慢慢引发燎原之势。

　　任何一件事，想总是容易的，难的是付诸行动的过程，我们这套书的梳理亦是如此。要把近千万字的发表成果汇总起来，全面审视后再分门别类地整理、精选，形成一本本的著作，这件事相当耗费时间和心力，绝非凭几人之力所能完成的。

幸运的是，这一庞大的工程得到了很多领导、老师的大力支持和全情参与。在整套书的策划中，威海市教育教学研究院教师发展研究室的温勇主任对于书系该如何进行系统构建、每本书该如何贴近一线班主任的发展需求来选材布局等都给予了全程的跟进指导。他高屋建瓴的专业引领和无时无刻不在的关心是我编著过程中最大的行动底气。由于工作室全体成员在持续进行着叙事德育模式的实践和研究，已经无暇分身，因此雪梅班主任工作室的"编外"成员王迎军、卢桂芳、李楠、李竺姿等老师牺牲了大量业余时间，承担了各本书稿的选编工作。他们担得起、想得细、行得勤的参与姿态是我编著行动中最强大的人力支持。书稿的审核和校对工作千头万绪，雪梅读写团队的刘艳霞、韩艳颖、车英等十多位老师主动请缨，让我拥有了虽工作烦琐却能从容应对的状态。他们积极参与的热情，给了我把这套书做细、做好的信心。我所在的工作单位荣成市教育教学研究中心的各位领导，在做工作安排时总是尽可能地保障我可以把主要精力投入工作室建设和班主任专业成长引领上来，这份支持和包容让我有了把工作室研究做专、做精的可能，他们永远是我研究之路上最坚实的后盾……如果说，雪梅班主任工作室三年以来还算是交出了令人满意的答卷，那么众人"拾柴"，才是每一份成长启动的力量源泉。

　　我不是一个善于表达情感的人，更何况，那些或静默或热烈的支持与鼓励，更像是一群有着共同教育追求的人不断为一点星星之火添加燃料的过程，更像是众人拾柴燃起高高火焰的过程，大家的所有奔赴无非是为了成长——学生的成长，教师的成长，以及教育的成长。由此来看，追寻成长是每一个心怀教育的人的共同方向，简单的"谢谢"二字显然已无法诠释我内心复杂的情感。

　　"就这样做一个生命有光的人吧。让我们先相互点燃，再去映照更多成长的美好！"我对自己说，对一路与我同行、一路予我帮携鼓励的教育人说，也对每一位阅读雪梅班主任成长书系的老师说。我所有的教育追求和情感，唯此而已！

雪　梅

2023 年 3 月 8 日